最後のコレクションブック

新鮮な食材、古典的な組み合わせ、ユニークなひねりを加えた 100 を超えるおいしいレシピでサンドイッチ ゲームをレベルアップさせましょう

さゆり 中津川

著者のコンテンツ©2023

全著作権所有

出版社および著作権所有者の適切な書面による同意がない限り、要約で使用される短い引用を除き、彼の書籍はいかなる方法、形式、形式でも使用または配布することはできません。本書は、医学的、法律的、またはその他の専門的なアドバイスの代わりとして使用しないでください。

プレゼンテーション

同じようなサンドイッチの組み合わせに飽きていませんか?創造的でおいしいサンドイッチで友人や家族を感動させたいですか?究極のサンドイッチ料理本以外に探す必要はありません。

この料理本には、BLTとグリルチーズのような古典的な組み合わせから、バインミー風のサイドディッシュやグリル野菜ラップとフムスのようなユニークなひねりを加えたものまで、あらゆる欲求を満たす100以上のサンドイッチのレシピが含まれています。各レシピには新鮮な材料とわかりやすい手順が含まれており、すぐに素晴らしいサンドイッチを作ることができます。

しかし、トッピングだけではありません。このクックブックには、サンドイッチを次のレベルに引き上げる自家製のパン、ロールパン、トッピングのレシピも含まれています。簡単なランチ、ピクニック、またはみんなが喜ぶパーティー料理を探している場合でも、究極のクッキーブックがあなたをカバーします。

この料理本でサンドイッチの腕を上げられるのに、なぜ退屈なサンドイッチで満足するのでしょうか?あらゆるシーンや好みに合わせたレシピが用意されているので、おいしいサンドイッチのアイデアが尽きることはありません。

サンドイッチ料理本、サンドイッチのレシピ、創造的なサンドイッチ、おいしいサンドイッチ、新鮮な食材、ユニークなひねりを加えたもの、古典的な組み合わせ、自家製パン、トッピング、ランチ、ピクニック、パーティープレート。

1. トマトとエビ

4回分が作れます

原材料

- 大きな家宝トマト 4個
- 低脂肪マヨネーズ 大さじ6
- カレー粉 小さじ1
- 塩 小さじ1/4
- すりおろし生姜 小さじ1/4
- 皮をむいて背ワタを取り除いた調理済みエビ 3/4 ポンド
- セロリの茎 1本（みじん切り）
- 細かく刻んだキュウリ 1/2カップ
- 小さなネーブルオレンジ 1 個（皮をむき、細かく刻む）
- ネギ 2 本（薄くスライス）

手順

a) 各トマトを厚めの 3 つのスライスに切ります。ペーパータオルの上で水気を切ります。

b) 大きなボウルにマヨネーズと調味料を混ぜます。残りの材料を混ぜます。トマトのスライスを各部分に3枚ずつ置き、エビの混合物と重ねます。

2. ターキーとアボカドのサンドイッチ

原材料

- 全粒粉パン 2枚
- 七面鳥の胸肉 2～3枚
- アボカド 1/4個（スライス）
- チェダーチーズ 1スライス
- マヨネーズ スプーン1杯
- ディジョンマスタード 小さじ1
- レタスとトマト（お好みで）

指示:

a) スライスしたパンを薄い黄金色になるまで焼きます。

b) 食パンの片面にマヨネーズとディジョンマスタードを塗ります。

c) 七面鳥、アボカド、チーズ、レタス、トマトをスライスしたパンの間に置きます。

d) サンドイッチを半分に切ってお召し上がりください。

3. 野菜とフムスのサンドイッチ

原材料

- 全粒粉パン 2枚
- フムス スプーン2杯
- すりおろしたニンジン 1/4カップ
- スライスしたキュウリ 1/4カップ
- スライスした赤ピーマン 1/4カップ
- チェダーチーズ 1スライス
- 塩とコショウの味

指示:

a) スライスしたパンを薄い黄金色になるまで焼きます。

b) 各スライスのパンの片面にフムスを塗ります。

c) スライスしたパンの間に、すりおろしたニンジン、スライスしたキュウリ、赤ピーマン、チェダーチーズを置きます。

d) 塩とコショウで味を調えます。

e) サンドイッチを半分に切ってお召し上がりください。

4. ツナサラダサンドイッチ

原材料

- 白パン 2枚
- ツナ缶 1缶（水切り）
- セロリのスライス 1/4カップ
- 玉ねぎのみじん切り 1/4カップ
- マヨネーズ スプーン2杯
- ディジョンマスタード 小さじ1
- 塩とコショウの味
- レタスとトマト（お好みで）

指示:

a) スライスしたパンを薄い黄金色になるまで焼きます。

b) ボウルにツナ、セロリ、玉ねぎ、マヨネーズ、ディジョンマスタード、塩、コショウを入れて混ぜます。

c) ツナ、レタス、トマトのサラダを食パンの間に挟みます。

d) サンドイッチを半分に切ってお召し上がりください。

5. チェダーアサリのグリル

原材料

- サワー種パン　2枚
- チェダーチーズ　2枚
- バター　大さじ2

指示:

a)　焦げ付き防止のフライパンを中火で加熱します。

b)　パンの各スライスの片面にブラシを掛けます。

c)　バターの面を下にしてパンのスライスを鍋に置きます。

d)　その上にチェダーチーズのスライスと2枚目の食パンをバター面を上にして置きます。

e)　パンがきつね色になり、チーズが溶けるまで、片面約2〜3分焼きます。

f)　サンドイッチを半分に切ってお召し上がりください。

6. BLTサンドイッチ

原材料

- 白パン 2枚
- ベーコン 3枚（調理済み）
- アボカド 1/4個（スライス）
- トマト 2切れ
- マヨネーズ スプーン1杯
- サラダ

指示:

a) スライスしたパンを薄い黄金色になるまで焼きます。

b) 食パンの片面にマヨネーズを塗ります。

c) ベーコン、アボカド、トマト、レタスを食パンの間に置きます。

d) サンドイッチを半分に切ってお召し上がりください。

7. ココナッツベーコンルーベンサンド

サンドイッチを4個作ります

原材料

- ライ麦パンのレシピ 1 件
- お好みのチーズのレシピ 1 つ
- 1 ベーコン ナス ココナッツ ベーコン レシピ
- 1000アイランドドレッシングのレシピ
- お好みのザワークラウト 1カップ

手順：

a) ライ麦フラットブレッドのスライスを 4 つのプレートのそれぞれに置きます。

b) チーズの層を広げます。

c) その上にココナッツベーコンのスライスを乗せ、サウザンドアイランドドレッシングをかけます。

d) ザワークラウトともう一枚のパンを乗せて、すぐにお召し上がりください。

8. グリルチーズとトマト

4回のリビルドを行う

原材料
- ズッキーニのパンまたはひまわりのパン　8枚
- お好みのチーズソースのレシピ　1　つ
- トマト　1個　（種を取り、厚めに切る）

手順：
a) 4 つの皿にそれぞれパンを 1 枚ずつ置きます。それぞれに約1/4カップのチーズを広げます。
b) その上にトマトのスライスともう一枚のパンを乗せます。
c) すぐにお召し上がりください。

9. <u>ロックス、トマト、レッドオニオン、ケッパー</u>

サンドイッチを4個作ります

原材料
- お好みのパン 8枚
- マヨネーズアイオリ 1/4カップ
- 種を取り、スライスしたトマト 1個
- スライスしたマンゴーまたは若いタイのココナッツ 1カップ
- ルッコラ 1/2カップ
- みじん切り赤玉ねぎ 1/4カップ
- 水気を切ったケッパー 1/4 カップ

手順：
a) 4 つの皿にそれぞれパンを 1 枚ずつ置きます。各部分に大さじ2の アイオリマヨネーズを塗ります。

b) その上にトマトのスライス、次にマンゴー、ルッコラ、玉ねぎ、ケッパー、 そして最後に残りのパンを乗せます。

c) それは数時間続きます。

10. BLTクラブ

4回のリビルドを行う

原材料
● ズッキーニのパンまたはひまわりのパン 12 枚
● 1 マヨネーズアイオリのレシピ
● アイスバーグレタスの葉 8枚
● 種を取り、スライスしたトマト 1個
● 熟したアボカド 1 個 （皮をむいてスライス）
● 1 ココナッツハムのレシピ

手順：
a) 4つのお皿に食パンを1枚ずつ置き、大さじ数杯のマヨネーズを塗ります。各ピースの上にレタスの葉、次にトマトのスライス、アボカド、そしてもう一枚のパンを乗せます。そのスライスに追加のマヨネーズを塗り、ココナッツベーコン、レタス、トマトのスライスを上に置きます。残りの食パンの片面にスプーン数杯のマヨネーズを塗り、サンドイッチの上にマヨネーズを置きます。

b) サンドイッチ サンドイッチは数時間保存されます。

11. モックツナサラダ

4回のリビルドを行う

原材料

- 1 マヨネーズアイオリのレシピ
- ニンジンの果肉 3カップ
- みじん切りセロリ 1カップ
- みじん切りの黄玉ねぎ 1/4 カップ
- お好みのパンのレシピ 1 つ

手順：

a) アイオリマヨネーズ、ニンジン果肉、セロリ、タマネギをミキシングボウルに入れます。よく混ぜます。

b) 混合物の4分の1を2枚のパンの間に広げてサンドイッチを組み立てます。スライスしたトマトとアイスバーグレタスをトッピングします。これを繰り返して残りのサンドイッチを作ります。

c) ハマグリは数時間保存されます。モックツナサラダは、別に冷蔵庫に保存すると2日間保存できます。

12. シナモンアップルのオープンサンドイッチ

4回のリビルドを行う

原材料

- レシピ1品　味噌バター、バニラバター、ラベンダーバター、またはチョコレートバター
- リンゴ 1 個、芯を取り、スライスする
- アガベシロップ　1/4カップ
- 粉末シナモン　小さじ1

手順：

a) 4 つの皿にそれぞれパンを 1 枚ずつ置きます。各スライスにお好みのバターを塗ります。

b) その上にスライスしたリンゴを乗せ、アガベシロップをかけ、シナモンを振りかけます。

c) それは1日保持されます。

13.Pかぼちゃチーズサンド

出来上がり量：16人分

原材料：
- 16スライス　白パンまたは全粒粉パン
- 8スライス　ジャックのような白いチーズ
- 大きいのが4つ　黒種なしオリーブ
- 8スライス　杉チーズ
- 1缶　みじん切りブラックオリーブ
- 大きいのが4つ　種入りグリーンオリーブ
- 12　ピメントのスライス

手順：

a)　　ゴーストクッキーカッターを1枚のパンに押し込みます。余分なパンを切り、切り口の周りに捨てます。幽霊の形をしたパンを一切れ取っておきます。さらに7枚のパンで同じことを繰り返します。

b)　　残りのパンも同様にかぼちゃ型でかぼちゃの形に切ります。

c)　　ゴーストとカボチャをグリルパンで黄金色になるまで約1分間ローストします。反対側も回して繰り返します。

d)　　パンをオーブンから取り出し、脇に置きます。ゴースト　クッキー　カッターを使用して、白いチーズのスライスから 8 つのゴーストの形を切り取ります。小さくて鋭いナイフを使って、ホワイトチーズの各スライスに 2 つの穴を開けます。チーズが溶けたときに「目」が開いたままになるのに十分な大きさであることを確認してください。黒オリーブは縦半分に切ります。

e)　それを幽霊の目が行く幽霊のパンの上に置きます。ゴーストの形をしたホワイトチーズのスライス 1 枚を、オリーブの上の目の穴のあるゴーストパン 1 枚の上に置きます。残りのゴーストブレッドとホワイトチーズを使って繰り返します。

f)　パンプキンクッキーカッターを使って、オレンジチーズのスライスからカボチャの形を8個切り抜きます。各スライスチーズに目と口の穴を2つ開けます。かぼちゃのパンの表面を刻んだブラックオリーブで覆います。グリーンオリーブは縦半分に切ります。

g)　グリーンオリーブのスライスを茎の上に置き、なじむまで待ちます。パンとオリーブにオレンジチーズをのせます。中にピメントのスライスを入れます。

h)　すべてのサンドイッチを天板に置き、チーズが少し溶けるまでグリルの下に置きます（1〜2分）。

14. アヒルのグリルサンドイッチ

出来上がり量：2人分

原材料：

● アヒルのロースト　1　羽からアヒル肉　1　枚
● 自家製または調理済みのバーベキューソース　1カップ
● ネギの薄切り　大さじ1
● オニオンロール　2個
● チップス1袋。オプション

鴨を適当な大きさに薄くスライスします。小鍋に鴨肉、バーベキューソース、ネギを入れて混ぜ、火にかける。ロールを切り開いて揚げます。各ロールにアヒルの混合物をたっぷりと詰めます。チップスを添えてお召し上がりください。

15. ポークサンドイッチ

原材料：

● パチパチ音を立てたローストポーク　2〜4 枚

● 甘酸っぱい赤キャベツ　大さじ4

● 良質のマヨネーズ　大さじ3

● 濃いめのマスタード　大さじ1

● ピクルス　2個、スライスする

● 女性のリンゴ　1個

● レッドオニオンリング　数個（お好みで）

ソース – 甘い赤キャベツ

● 赤キャベツ　中1個

● 赤ワイン　1/2 ボトル

● スパイス：クローブ、月桂樹の葉、シナモンスティック、コショウ、アニス

● 玉ねぎ　2個

● 塩

● アヒルまたはガチョウの脂肪　大さじ3

● バルサミコ酢またはアップルサイダー　2カップ

● ワインと酢の甘さに応じて、きび砂糖　大さじ2

手順：

a) 必要に応じて豚肉と赤キャベツを再加熱します。

b) マヨネーズとマスタードを混ぜてパンに塗ります。

c) 片方のパンに赤キャベツ、肉、キュウリのスライス、リンゴ、玉ねぎのスライスを置き、もう片方のパンで覆ってサンドイッチを作ります。

d) 赤ワインを辛口スパイスと一緒に5分間沸騰させ、15分間混ぜます。

e) キャベツにヘタがある場合はヘタを取り除き、みじん切りにします。玉ねぎの皮をむき、みじん切りします。

f) 大きな底の厚い鍋に赤キャベツと玉ねぎをガチョウの脂で炒めます。

g) 赤ワインをザルに注ぎ、フライパンからスパイスと塩を取り除きます。

h) 少なくとも1時間は沸騰させてください。数時間煮ると、柔らかくて非常においしいキャベツが得られます。

i) 赤キャベツを酢と砂糖で味付けします。

16. ペインはブルジです

出来上がり量：2人分

原材料：

- みじん切りにした青唐辛子　小さじ1/2
- 新鮮なコリアンダー、みじん切り　大さじ1　1/2
- 食パン4枚
- カッテージチーズ　1/2カップ
- トマト　スプーン2杯
- コショウパウダー　小さじ1/4
- ターメリックパウダー　ひとつまみ
- クミンシード　小さじ1/4
- 塩
- 清澄バター　小さじ1と1/2

手順

a) フライパンにギーまたは油を熱し、クミンシードを加えます。

b) 種がパチパチとはじけ始めたら、青唐辛子を加えて混ぜます。

c) 刻んだトマトを数秒間、または柔らかくなるまで混ぜます。

d) ターメリックとパニールを加えて混ぜます。

e) コショウパウダー、塩を加え、数秒間かき混ぜます。

f) みじん切りにしたコリアンダーを鍋に混ぜます。

g) 各パンの片面にバターを塗ります。

h) グリルの上にスライスを1枚置き、その上にパニールフィリングの半分を広げます。

i) バター面を上にしてパンを包み、きつね色になるまで焼きます。

j) グリルから外し、2つに切ります。

17. ピメントチーズとトマトのサンドイッチ

実行回数: 8 〜 12 回

原材料：

チーズの場合:

● マヨネーズ 1/2カップ

● クリームチーズ 4オンス

● シュレッドチェダーチーズ 3カップ

● みじん切りにしたピーマン 1 瓶（4 オンス）、水気を切る

● みじん切りの黄玉ねぎ 大さじ1

● ニンニクのみじん切り 小さじ1

● ウスターソース 小さじ1

● 挽いた黒コショウ 小さじ1/2

トマトの場合:

● セルフレイジング小麦粉 1カップ

● ポレンタ 1カップ

● コーシャーソルト 小さじ1/2

● 挽いた黒コショウ 小さじ1/2

● 卵 2個

● バターミルク 1/2カップ

● 大きな緑色のトマト 4 個、厚さ 1/2 インチにスライス

● 植物油 2カップ（揚げ物用）

● フランスパン 2枚 縦半分に切る

手順：

a) 大きなボウルにマヨネーズとクリームチーズを入れ、よく混ざるまで混ぜます。チェダーチーズ、ピーマン、玉ねぎ、ニンニク、ウスターソース、黒胡椒を加えます。よく混ざるまで混ぜ、ボウルに蓋をし、少なくとも6時間冷蔵庫で冷やします。

b) 中くらいのミキシングボウルに、セルフレイジング小麦粉、ポレンタ、塩、黒コショウを入れて混ぜます。よく混ざるまで混ぜ、脇に置きます。

c) 別の中くらいのボウルに卵とバターミルクを入れ、よく混ぜます。

d) スライスしたトマトをペーパータオルで乾かします。トマトを卵混合物に浸し、次に小麦粉混合物に浸します。トマトを5分間放置します。

e) 大きなフライパンに中火にかけ、植物油を深さ2〜3インチになるまで注ぎます。トマトを加え、きれいな黄金色になるまで3〜4分間炒めます。

f) フランスパンの下半分にピメントチーズを散らし、その上にフライドトマトとフランスパンの上半分を乗せます。個々のサンドイッチに切り分けてお召し上がりください。

18. ハッセルバクトマトクラブ

2回分が作れます

原材料

- プラムトマト 4個
- 4等分に切ったスイスチーズ 2枚
- 半分に切った調理済みベーコン 4枚
- 七面鳥のスライス 4枚
- ビブレタス 4枚
- 中熟したアボカド 1/2 個、皮をむき、8 つのスライスに切ります
- ひびの入ったコショウ

手順

a) トマトの底をそのままにして、各トマトを横に4つのスライスに切ります。

b) 各スライスにチーズ、ベーコン、七面鳥、キャベツ、アボカドを乗せます。コショウを振りかける。

19.揚げグリーンナポレオンとスロー添え

原材料

- マヨネーズ 1/3カップ
- 白酢 1/4カップ
- 砂糖 スプーン2杯
- 塩 小さじ1
- ガーリックパウダー 小さじ1
- コショウ 小さじ1/2
- トリコロールサラダミックス 1パッケージ（14オンス）
- 細かく刻んだ玉ねぎ 1/4 カップ
- みかん 1 缶（11 オンス）、水を切っておく
- フライドトマト：
- 大きめの卵 1 個（軽く溶きほぐす）
- チリソースをかけて、またはお好みで
- 中力粉 1/4カップ
- 乾燥パン粉 1カップ
- 中くらいの緑色のトマト 2個、それぞれ4つのスライスに切ります
- フライ用油
- 塩 小さじ1/2
- コショウ 小さじ1/4
- 冷蔵庫にピミエントチーズ1/2カップ
- ペッパーゼリー 小さじ4

手順

a) 最初の 6 つの材料を組み合わせます。コールスローミックスと玉ねぎを加えます。みかんを加えます。軽くかき混ぜます。

b) 浅いボウルに卵とホットソースを入れて泡立てます。小麦粉とパン粉を別々の浅いボウルに入れます。トマトのスライスを小麦粉に浸して両面をコーティングします。揺れすぎ。卵液に浸し、次にパン粉を加えて泡立て器でまぶします。

c) 電気フライパンまたは深めのフライパンで油を350度に加熱します。トマトのスライスを一度に数枚ずつ、茶色になるまで片面1～2分ずつ炒めます。ペーパータオルの上で水気を切ります。塩とコショウを振りかけます。

d) ナポレオンを組み立てるには、トマトのスライスとピミエントチーズ大さじ1を組み合わせます。曲を繰り返します。小さじ1杯のペッパーゼリーをトッピングします。残りのトマトのスライスでも同じことを繰り返します。コールスローにかけてお召し上がりください。

20.焼きナスのサンドイッチ

分量: 4人分

原材料

- オリーブオイル 小さじ1
- 卵 2個
- 中力粉 1/2カップ、または必要に応じてそれ以上
- 塩と挽きたての黒コショウを味わう
- カイエンペッパー 1つまみ、または好みでそれ以上
- パン粉 1カップ
- ナスのスライス 8枚、厚さ3/8インチにスライス
- プロヴォローネチーズ 2枚 （4等分に切る）
- 薄いソーセージ 12枚
- オリーブオイル 大さじ2 2/3 （分割）
- 細かくおろしたパルミジャーノ・レッジャーノチーズ 大さじ2 2/3 （分割）

手順

a) オーブンを 425 度 F (220 ℃) に予熱します。天板にアルミホイルを敷きます。

b) 小さくて浅いボウルに卵を入れて溶きます。大きく浅いボウルに小麦粉、塩、黒コショウ、カイエンペッパーを入れて混ぜます。パン粉を別の大きな浅い皿に注ぎます。

c) ナスのスライスの上に、プロヴォローネ チーズのスライス 1/4、サラミ 3枚、プロヴォローネ チーズのスライス 1/4 を乗せます。その上に同じ大きさのナスのスライスを置きます。残りのナスのスライス、チーズ、サラミも同様に加えます。

d) 各ナスのサンドイッチを味付けした小麦粉にそっと押し込んでコーティングします。揺れすぎ。各サンドイッチの両面を溶き卵に浸し、パン粉を押し込みます。残りのナスのサンドイッチを作りながら、準備しておいたベーキングシートの上に置きます。

e) ホイルの上に直径約3インチの円を描くように、小さじ1杯のオリーブオイルを注ぎます。油の部分にナスのサンドイッチを置きます。小さじ1杯程度のパルミジャーノ・レッジャーノチーズをサンドイッチの上に振りかけます。残りの3つのサンドイッチにも同じことを繰り返し、紙の領域にオリーブオイルをスプレーし、サンドイッチ1つをオイルの上に置き、パルメザンチーズを上に置きます。各サンドイッチの上部に小さじ1のオリーブオイルを塗ります。

f) ナッツを予熱したオーブンで10分間焼きます。サンドイッチをひっくり返し、パルミジャーノ・レッジャーノチーズ小さじ1を振りかけます。焼き色がつき、ナスに果物ナイフが簡単に刺さるまで、さらに8〜10分焼きます。温かい状態または室温でお召し上がりください。

21. リンゴ、ハム、チーズのサンドイッチ

サービス: 2

原材料

- りんご
- ハムのスライス
- コルビージャックスライス
- ブラウンマスタード、ディジョン風、またはお好みの調味料

手順

a) リンゴを輪切りにします。

b) ベーコンスライスを加えます。スライスチーズをその上に置きます。

c) サンドイッチのトップリングにマスタードを広げ、その上に（スパイス面を下にして）置きます。

22. キュウリサブ

サーヴァント2

原材料

- キュウリ　2本
- 七面鳥、ハム、その他の肉または削りくず
- ベーコン（オプション）
- ネギ（お好みで）
- トマト（オプション）
- アサリの詰め物（オプション）
- 笑う牛のチーズ、マヨネーズ、クリームチーズ、その他の調味料

手順

a) キュウリを先端から先端まで縦に切ります。キュウリの中身を取り除いて、サンドイッチの具を入れるスペースを作ります。肉、野菜、その他のサンドイッチアイテムをピクルスに加えます。

b) キュウリの半分をもう半分の上に置きます。楽しみ！！

23.パンなしのイタリアンサブサンドイッチ

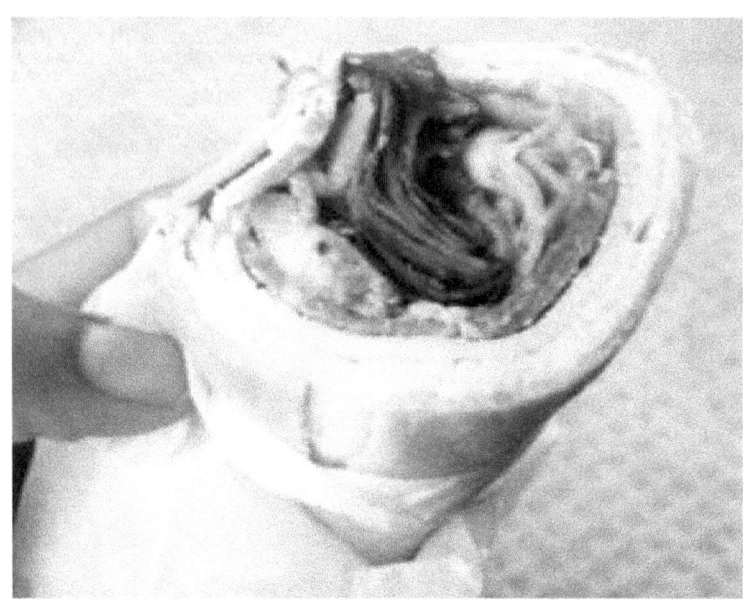

収穫量：サンドイッチ4個

原材料

- 大きなポートベローマッシュルーム 8 個（水気を切っておく）
- エキストラバージンオリーブオイル 大さじ2
- コーシャーソルト
- 赤ワインビネガー 大さじ1
- 細かく刻んだ種付きペペロンチーニ 大さじ1
- 乾燥オレガノ 小さじ1/2
- 挽きたての黒コショウ
- 2オンスのスライスプロボローネ（約4枚）
- 低ナトリウムの薄切りベーコン 2オンス（約4枚）
- 1オンスのジェノバソーセージ、薄くスライス（約4スライス）
- 小さなトマト 1 個、4 つのスライスに切る
- みじん切りアイスバーグレタス 1/2カップ
- ピメントを詰めたオリーブ 4 個

手順

a) オーブンの上3分の1にオーブンラックを置き、グリルをオーブンで加熱します。

b) キノコは軸を取り除いて捨てます。キノコの傘をえらの側面に置き、鋭利なナイフを使用してえらを完全に取り除きます（えらを広げます）。キノコの傘を天板に置き、油大さじ1を塗り、塩小さじ1/4をふりかけます。キャップが柔らかくなるまで、途中で裏返し、片側4～5分間調理します。完全に冷まします。

c) 小さなボウルに、酢、コショウ、オレガノ、残りの大さじ1杯の油、そして黒コショウ少々を入れて混ぜ合わせます。

d) アサリを組み立てる：マッシュルームのキャップを切断面を上にして作業台に置きます。プロボローネのスライス 1 枚を蓋の上に折り、ベーコンとソーセージのスライス 1 枚を重ねて重ねます。

e) その上にトマトのスライス1枚とレタス大さじ2杯を乗せます。ペペロンチーニビネグレットソースを少しかけてください。別のキノコの傘で挟み、オリーブの付いた爪楊枝の糸で留めます。残りの材料を使って同じ手順を繰り返し、さらに 3 つのサンドイッチを作ります。

f) 各サンドイッチをワックスペーパーで半分に包み（これはすべてのジュースをキャッチするのに役立ちます）、お召し上がりください。

24.サツマイモの七面鳥

10食分作れます

原材料

- 薄くスライスしたリンゴスモークベーコン　4　本
- 七面鳥の挽肉　1ポンド
- パン粉　1/2カップ
- 大きな卵　2個
- すりおろしたパルメザンチーズ　1/2カップ
- 刻んだ新鮮なコリアンダー　大さじ4
- 乾燥バジル　小さじ1
- グラウンドクミン　小さじ1/2
- 醤油　大さじ1
- 大きなサツマイモ　2個
- 細切りコルビーモントレージャックチーズ

手順

a)　大きなフライパンでベーコンを中火でカリカリになるまで調理します。ペーパータオルの上で水気を切ります。大さじ2を除いてすべて捨てます。鍋を脇に置きます。ベーコンを次の8つの材料とよく混ざるまで混ぜ合わせます。カバーをして少なくとも30分間冷やします。

b)　オーブンを425°に予熱します。サツマイモを約1/2インチの厚さのスライスに20枚切ります。スライスを油を塗っていないベーキングシートの上に置きます。サツマイモが柔らかくなるまで焼きますが、茶色にならない程度に30〜35分間焼きます。スライスを削除します。ワイヤーラックの上で冷まします。

c) フライパンを中火にかけ、滴下を控えて加熱します。七面鳥の混合物をそりサイズのグラタン皿に成形します。鍋が混雑しないように注意しながら、スライダーを片面あたり3〜4分ずつまとめて調理します。最初に各スライダーを回転させた後、細切りチェダーチーズをひとつまみ加えます。温度計が165°を示し、ジュースが透明になるまで調理します。

d) 提供するには、各スライダーをサツマイモのスライスの上に置きます。ディジョンマスタードにはちみつをかけて。もう一枚のサツマイモのスライスをかぶせます。つまようじで穴を開けます。

25.ホワイト キャッスル バーガー スライド

収量：10食分

原材料
- 赤身のひき肉 2ポンド
- みじん切り乾燥玉ねぎ 1/4 カップ
- 熱湯 1/4カップ
- 3オンスのベビービーフ
- 透明なスープ 2/3 カップ
- ソーセージパン 1パック

手順

a) 乾燥みじん切り玉ねぎ1/4カップを熱湯1/4カップに浸し、柔らかくなるまで牛肉ひき肉2ポンドと、水気を切った牛肉ベビーフード3オンスの瓶と透明なスープ1/4カップを混ぜます。

b) ビスケット1枚につき1/4カップの肉混合物を使用してビスケットを均一に保ち、1/4インチに平らにし、熱いフライパンでビスケット1枚につき1Tの油で手早く揚げます。揚げている間、ビスケットに3つまたは4つの穴をあけます。

c) ホットドッグを半分に切ります。丸い端を切ります。裏返してもう一方の面を炒めると同時に、各麺の下に玉ねぎ1tを炒めます。各パティをディルフレーク2枚、マスタード、ケチャップと一緒にバンズに置きます。

26. チーズスライド

12 枚のスライド用

原材料
- 牛ひき肉 2ポンド（910g）
- 塩 小さじ1
- コショウ 小さじ2
- ガーリックパウダー 小さじ2
- ニンニク 半分、みじん切りにする
- チェダーチーズ 6枚
- ディナーロールまたはハワイアンスイートロール 12個
- 溶かしたバター 大さじ2
- ごま 大さじ1

手順

a) オーブンを 350°F（175°C）に予熱します。

b) 牛肉、塩、コショウ、ガーリックパウダーを23×33 cmのグラタン皿に入れてよく混ぜ、平らで均一な層に押し込みます。 20分間焼きます。液体を濾し、調理した肉を脇に置きます。

c) ロールパンを縦半分に切ります。下半分を同じグラタン皿に置きます。調理した肉をロールパンの上に置き、次に玉ねぎとチーズを置きます。残りのロールパンをその上に置きます。

d) ロールの表面に溶かしバターを塗り、ゴマをふりかけます。 20分間、またはパンがきつね色になりチーズが溶けるまで焼きます。

e) 個々のスライダーにカットしてお召し上がりください。

27. テンペ・ルーベンサンドイッチ

サンドイッチ2個作ります

原材料

- 8オンスのテンペ
- ビーガンマヨネーズ 大さじ3
- 甘いピクルス 大さじ1
- ねぎ 1本（みじん切り）
- オリーブオイル スプーン2杯
- 塩と挽きたての黒胡椒
- ライ麦パンまたはプンパーニッケルパン 4枚
- ザワークラウト 3/4 カップ、よく水を切ります

手順

a) 中鍋に沸騰したお湯を入れ、テンペを30分間茹でます。テンペの水気を切り、冷ましておく。水を切り、1/4インチのスライスに切ります。

b) 小さなボウルにマヨネーズ、ケチャップ、レリッシュ、ネギを入れて混ぜます。塩、こしょうで味を調え、よく混ぜて置いておきます。

c) 中くらいのフライパンに油を中火で熱します。テンペを加え、両面がきつね色になるまで合計10分ほど焼きます。塩とコショウで味を調えます。鍋から取り出して脇に置きます。

d) 鍋を拭いて脇に置きます。食パンの片面にバターを塗ります。マーガリンを塗った食パン2枚をフライパンに置きます。両方の食パンにドレッシングを塗り、揚げたテンペとザワークラウトをトッピングします。

e) 残りの食パン2枚を乗せ、マーガリンを塗ります。ハマグリをフライパンに移し、一度裏返しながら両面に軽く焼き色がつくまで、片面約2分ずつ焼きます。

f) アサリを鍋から取り出し、半分に切ってすぐにお召し上がりください。

28. ツナSのサラダサンドに似た味わいです

サンドイッチ4個作ります

原材料：

- 調理済みの1½カップ、またはひよこ豆1缶（15.5オンス）を水切りして洗います
- セロリの茎 2本（みじん切り）
- みじん切り玉ねぎ 1/4 カップ
- ケッパー 小さじ1（水気を切ってみじん切りにする）
- ビーガンマヨネーズ 1カップ
- 新鮮なレモン汁 小さじ2
- ディジョンマスタード 小さじ1
- 昆布粉 小さじ1
- レタスの葉 4枚
- 熟したトマトのスライス 4枚
- 塩とコショウ
- パン

手順

a) 中くらいのボウルにひよこ豆を粗く刻みます。セロリ、玉ねぎ、ケッパー、マヨネーズ1/2カップ、レモン汁、マスタード、昆布パウダーを加えます。塩とコショウで味を調えます。よく混ざるまで混ぜます。蓋をして少なくとも30分間冷蔵庫で冷やし、味を馴染ませます。

b) 食べる準備ができたら、残りの1/4カップのマヨネーズを各スライスのパンの片面に塗ります。食パン4枚にレタスとトマトを置き、ひよこ豆を均等に切ります。各サンドイッチに残りのパンをマヨネーズで塗り、半分に切ってお召し上がりください。

29.プレーンブルガーサンドイッチ

サンドイッチ4個作ります

原材料：

- 水 1¾カップ
- 中くらいの大きさのブルグル 1カップ
- 塩
- オリーブオイル スプーン1杯
- 小さな赤玉ねぎ 1 個（みじん切り）
- 中くらいの赤ピーマン 1/2個、みじん切りにする
- クラッシュトマト 1缶（14.5オンス）
- 砂糖 スプーン1杯
- アンバーまたはスパイシーマスタード 大さじ1
- 醤油 小さじ2
- チリパウダー 小さじ1
- 挽きたての黒コショウ
- サンドイッチロール 4枚を水平に半分に切ります

手順

a) 大きな鍋に水を入れ、強火で沸騰させます。ブルグルを加え、水に少し塩を加えます。蓋をして火から下ろし、ブルグルが柔らかくなり水分が吸収されるまで約20分間置いておきます。

b) その間に、大きな鍋に油を中火で熱します。玉ねぎとコショウを加え、蓋をし、柔らかくなるまで約7分間煮ます。トマト、砂糖、マスタード、醤油、チリパウダー、塩、黒コショウを加えて混ぜ、味を調えます。頻繁にかき混ぜながら10分間煮ます。

c) ブルグル混合物を各ロールの下半分に注ぎ、残りの半分を上に置き、お召し上がりください。

30. ガーデンパッチのパンサンドイッチ

サンドイッチ4個作ります

原材料：
- 余分な木綿豆腐 1 ポンド（水切りして乾燥させたもの）
- 赤唐辛子 中1個、細かく刻む
- セロリの茎 1 本、細かく刻む
- ネギ 3 本（みじん切り）
- 刻んだヒマワリの種 1/4 カップ
- ビーガンマヨネーズ 1/2カップ
- 塩 小さじ1/2
- セロリ塩 小さじ1/2
- 挽きたての黒コショウ 小さじ1/4
- 全粒粉パン 8枚
- 熟したトマトのスライス 4 枚（1/4 インチ）
- レタスの葉

手順
a) 豆腐を潰して大きめのボウルに入れる。ピーマン、セロリ、ネギ、ヒマワリの種を加えます。マヨネーズ、塩、セロリ塩、コショウを加え、よく混ざるまで混ぜます。

b) 必要に応じてトーストを作ります。混合物を4枚の食パンに均等に広げます。それぞれの上にトマトのスライス、レタス、残りのパンを乗せます。サンドイッチを斜め半分に切ってお召し上がりください。

31. フルーツとナッツのサンドイッチ

サンドイッチ4個作ります

原材料：

- アーモンドバター　2/3カップ
- アガベ　ネクターまたはピュア　メープル　シロップ　1/4　カップ
- 刻んだクルミまたはお好みのナッツ　1/4　カップ
- 乾燥クランベリー缶詰　1/4　カップ
- 全粒粉パン　8枚
- 熟したボスク梨または安州梨　2個（芯を取り、薄くスライス）

手順

a) アーモンドバター、アガベネクター、クルミ、ブルーベリーを小さなボウルに入れ、よく混ざるまでかき混ぜます。

b) 混合物をパンのスライスの間に分け、均等に広げます。 4枚のパンの上に洋ナシのスライスを面を上にして置きます。残りのパンのスライスを、切り口を下にして梨のスライスの上に置きます。ハマグリは斜めに切り、すぐにお召し上がりください。

32. グリルチーズとチキンとワッフル

原材料：

- 16オンスモッツァレラチーズ、スライス
- パンチェッタ 12枚（薄切り）
- メープルシロップ 大さじ1
- マヨネーズ 1/2カップ
- 新鮮な桃 2個（または水気を切った小さな桃缶 1個）
- 冷凍ワッフル 8枚
- 柔らかいバター スプーン2杯
- 4〜4オンス骨なし鶏の胸肉
- 小麦粉 1カップ
- バターミルクドレッシング 1カップ
- 植物油 2カップ

手順

a) パンチェッタをフライパンで少しカリカリになるまで焼きます。

b) シロップとマヨネーズを混ぜて置いておきます。

c) 桃を薄いスライスに切ります。

d) ワッフルとバターをそれぞれの片面に置きます。ひっくり返して、ワッフルのバターでない側にマヨネーズ混合物を塗ります。

e) 鶏肉に小麦粉をまぶし、牧場ドレッシングに浸し、再び小麦粉に戻します。

f) 鍋にサラダ油を中火で熱し、鶏肉を両面に焼き色がつき、内部の温度が165度になるまで焼きます。

g) マヨネーズワッフルの側面に、モッツァレラ、チキン、パンチェッタ、桃を重ね、さらにモッツァレラともう一枚のワッフルを重ねて完成です。

h) 焦げ付き防止のフライパンを中火にかけて、スパチュラで押さえながら1分間調理します。チーズが溶けて黄金色になるまでひっくり返して繰り返します。取り出してカットしてお召し上がりください。

33.ベーコンとグリルチーズのワッフルサンドイッチ

4回分が作れます

原材料

- 冷凍トーストワッフル　8枚
- ディジョンマスタード　大さじ1（お好みで）
- スライスしたデリベーコン　1/2ポンド
- 1/4ポンドのチェダーチーズ、薄くスライス
- 無塩バター　大さじ4

手順

a) ワッフルを4つ作業台に置きます。片面にマスタードを塗ります（使用する場合）。ベーコン、チーズ、残りのドレッシングをトッピングします。各サンドイッチの上部にバター大さじ1/2を塗ります。残りのバターを大きなアルミ鍋に入れて中火で溶かします。アサリをバター面を上にしてフライパンに置きます。

b) ヘラの背で時々押しながら、チーズが溶けてワッフルが黄金色になるまで、片面3〜4分ずつ焼きます。

34.ペパロニ、プロヴォローネ、ペコリーノ・ピタ!

サーヴァント4

原材料:

- 4パイ
- 皮をむいてスライスした、ローストした赤および/または黄ピーマン 1/2 カップ
- ニンニク 2片（みじん切り）
- 4オンスのペパロニ、薄くスライス
- 4オンスのプロヴォローネチーズ（角切り）
- おろしたてのペコリーノチーズ 大さじ2
- ペペロンチーニなどのイタリアまたはギリシャのピーマンのピクルス 4 個（薄くスライス）
- ピタを洗うためのオリーブオイル

手順

a) 各パイの片面を切り、開いてポケットを形成します。

b) パプリカ、ニンニク、パプリカ、プロボローネ、ペコリーノ、パプリカを各ピタに加え、押して密封します。外側にオリーブオイルを薄く塗ります。

c) 焦げ付き防止の重いフライパンを中火で加熱するか、サンドイッチメーカーまたはパニーニプレスを使用します。アサリを鍋に入れます。

d) 火を弱め、アサリに重しを加え、押しながら揚げます。チーズが溶けるまで調理します。すべての具材をまとめるために、チーズが茶色になってカリカリになるのは望ましくありません。

e) すぐにお召し上がりください。

35.グリルチェダー、チャツネ そしてソーセージ

サーヴァント4

原材料：

- おいしいスパイシーなソーセージ 1 〜 2 本、斜めにカット
- 全粒粉パイ 4 個、ポケットが開いた状態
- 甘くてスパイシーなマンゴーチャツネ 大さじ3〜4
- 刻んだ新鮮なコリアンダー 大さじ2
- 6〜8オンスの細切りチェダーチーズ、粗く細切り
- パンを洗うためのオリーブオイル 大さじ1
- トーストしたひまわりの種のみじん切り 大さじ3

手順

a) カットしたソーセージをフライパンで中火で炒めます。ペーパータオルの上に置いて水気を切ります。

b) ケーキを作業台に置きます。内側の半分にチャツネを塗り、ソーセージ、コリアンダー、最後にチーズを加えます。軽く押して密閉し、外側にオリーブオイルを塗ります。

c) 焦げ付き防止の重いフライパンを中火で加熱するか、パニーニプレスを使用します。詰めたピタを加え、軽く押します。熱を中程度、あるいは中弱程度に下げます。斑点が軽く黄金色になり、チーズが溶けるまで片面を焼きます。ひっくり返して片面を軽く焼きます。チーズが溶けたら鍋から取り出します。

d) ヒマワリの種をふりかけ、ディップ用に追加のチャツネを添えてすぐにお召し上がりください。

36.「エッグサラダ」豆腐ピタ。

サンドイッチ4個作ります

原材料：

- 余分な木綿豆腐 1 ポンド（水切りして乾燥させたもの）
- 自家製ビーガンマヨネーズ 1/2 カップ
- 自家製みじん切りマンゴーチャツネ 1/4 カップ
- ディジョンマスタード 小さじ2
- ホットカレー粉またはマイルドカレー粉 大さじ1
- 塩 小さじ1
- カイエンペッパー粉 小さじ1/8
- すりおろしたニンジン 1カップ
- セロリの茎 2本（みじん切り）
- 赤玉ねぎのみじん切り 1/4 カップ
- 小さなボストンまたはその他の柔らかいレタスの葉 8枚
- 全粒粉ピタパン 4 (7 インチ)、半分に切った

手順

a) 豆腐を潰して大きめのボウルに入れる。マヨネーズ、チャツネ、マスタード、カレー粉、塩、カイエンペッパーを加え、よく混ざるまでよく混ぜます。

b) にんじん、セロリ、玉ねぎを加えて混ぜます。 30分間冷蔵庫で冷やし、味を馴染ませます。

c) ピタポケットにレタスの葉を1枚ずつ入れ、豆腐を混ぜたものをサラダの上に注ぎ、出来上がります。

37.メスクランの生ハムとイチジクのタレッジョ

サーヴァント4

原材料：

- サワー種パンまたはバゲットの薄いスライス 8 枚
- エキストラバージンオリーブオイル 大さじ3（分割）
- 3〜4オンスの生ハムを8等分に切る
- 8オンスの熟成タレッジョチーズを1/4インチの厚さで8つに切る
- 春のサラダミックス（メスクラン） 4つかみ
- みじん切りの新玉ねぎ スプーン2杯
- おろしたてのチーズ 大さじ2
- 新鮮なレモン汁 大さじ1 塩
- ブラックペッパー
- 熟した黒イチジク 6個（4等分）
- バルサミコ酢 小さじ1〜2

手順

a) パンにオリーブオイルを少量塗り、天板に置きます。 2オーブンを400°Fに予熱します。パンを上のラックに置き、約5分間、またはちょうどカリカリにし始めるまで焼きます。取り出して、約10分間冷まします。

b) ベーコンのスライスが冷めたら、タレッジョのスライスに巻き付け、それぞれをパンの上に置きます。サラダを準備する間、しばらく置いておきます。

c) 野菜、ひよこ豆、キノコを大さじ1杯のオリーブオイルで和え、レモン汁、塩、コショウで味を調えます。 4枚のお皿に盛り付け、イチジクの4等分を飾ります。

d) ベーコンを巻いたベーグルの表面に残りのオリーブオイルを刷毛で塗り、オーブン対応の大きな型に入れて5〜7分間、またはチーズが溶け始めてベーコンの端に焼き色がつくまで焼きます。

e) すぐにパックを取り出して各サラダの上に置き、バルサミコ酢を熱した鍋に入れます。かき混ぜて温め、サラダやトーストの上に注ぎます。すぐにお召し上がりください。

38. フォンティーナとルッコラ、水菜 とバルブ

サーヴァント4

原材料：

- サワー種パン 8 枚 ブレザオラ約 6 オンス（薄くスライス）
- フォンティーナ、ヤールスバーグ、エメンタールなどのナッツ風味の風味豊かなプロセスチーズ 6〜8オンス
- ミックスロールと水菜、または春ミックスなどの柔らかい野菜 約4カップ
- 熟したしっかりした梨 2 個を薄くスライスまたは角切りにし、変色を防ぐために少量のレモン汁でポーチします。
- 玉ねぎのみじん切り 1個
- バルサミコ酢 大さじ1
- エキストラバージンオリーブオイル大さじ2、塩を洗い流すためにさらに追加
- ブラックペッパー

手順

a) 4枚のパンを作業台に置き、片面にブレザオラを広げ、その上にチーズを広げ、もう一方のサワー種スライスを広げて完成です。軽くしっかりと押して密閉します。

b) その間に、ボウルに野菜とスライスした梨を混ぜます。それは脇に置いておいてください。

c) 小さなボウルに玉ねぎを入れ、バルサミコ酢とオリーブオイル大さじ2を入れて混ぜ、塩、コショウで味を調えます。それは脇に置いておいてください。

d) サンドイッチに少量のオリーブオイルを塗ります。クラムプレスまたは重いテフロン加工の鍋を中強火で加熱し、アサリを鍋に置きます。おそらくこれを 2 セット行う必要があります。ハマグリの重さを量ります。パンがカリカリになって黄金色になるまで焼き、ひっくり返して反対側もチーズが溶けるまで繰り返します。

e) サンドイッチが完成する直前に、サラダにドレッシングを和えます。サラダを4つの皿に分けます。アサリの準備ができたら、フライパンから取り出し、4等分に切り、各サラダ皿に4つずつ置きます。

f) すぐにお召し上がりください。

39.   サラダにシェーブルサンドイッチ

サーヴァント4

原材料:

- バゲット約1/2 2個、厚さ約1/2インチの斜めのスライス12枚に切ります。
- エキストラバージンオリーブオイル 大さじ2、または必要に応じて
- 3オンスの片面ヤギチーズ（Lezayなど）を1/4～1/2インチの厚さにスライス
- 乾燥または生のタイムの葉をたっぷりトッピング
- ブラックペッパー
- 赤ワインビネガー 大さじ1 （割る）
- ベビーフリーゼやルッコラなどのスプリングミックスなどのミックスグリーン約6カップ
- 新鮮なパセリ、チャイブ、玉ねぎ、またはそれらを組み合わせたみじん切り 大さじ2
- クルミ油 スプーン1杯
- くるみ 1/4カップ

手順

a) グリルを予熱します。

b) バゲットのスライスに少量のオリーブオイルを塗り、天板に置き、約5分間、または片面がきつね色になるまで焼きます。キャベツから取り出します。

c) トーストをひっくり返し、ヤギチーズのスライスを1、2枚、生の面に置きます。各サンドイッチに使用する量は、バゲットのスライスの大きさによ

って異なります。表面に少量のオリーブオイルを刷毛で塗り、タイムと黒コショウを振りかけ、チーズの上に酢を数滴振りかけます。

d) その間に、サラダに刻んだハーブを和え、くるみ油と残りのオリーブオイルと酢をかけて、くるみのかけらを振りかけます。大きめのお皿4枚か浅めのスープボウルに盛りつけます。

e) ヤギチーズのパンをグリルの下に置き、約5分間、またはチーズが柔らかくなり、表面の所々で泡が立ち始め、チーズの色が黄金色になるまで焼きます。

f) すぐに温かいヤギチーズのサンドイッチを 3 つ、各皿のドレッシングサラダの上に置き、すぐにお召し上がりください。

40. ライムを添えた焼きハルーミサンドイッチ

サーヴァント4
原材料：

- バターレタスまたはボストンビブレタス 1 個（切り取って葉に分ける）

- 柔らかいニンニク 1 個（皮をむき、斜めに薄切り）

- エキストラバージンオリーブオイル 大さじ4（分割）

- 白ワインビネガー 小さじ1

- 大きく熟したトマト 3 個を細かく切ります

- 塩

- ブラックペッパー

- バゲット 1/2 個、厚さ約 1/2 インチの斜めの 12 スライスに切ります。

- 12オンスのハルーミ、約1/2インチの厚さにスライス

- くさび形に切ったライム 2 個（または生のライム果汁大さじ 2 杯程度） 乾燥オレガノ ひとつまみ

手順

a) グリルを予熱します。

b) 大きなボウルにレタスと玉ねぎを入れて混ぜ、オリーブオイルと酢大さじ2杯ほどを加えて混ぜます。 4つの皿に分け、それぞれにトマトのスライスを飾ります。サラダに塩とコショウをふり、脇に置きます。

c) バゲットのスライスに少量のオリーブオイルを塗り、天板に置き、両面を軽く焼きます。それは脇に置いておいてください。

d) ハルーミを鍋に入れ、少量のオリーブオイルを塗ります。片面に焼き色が付くまで焼き、取り出します。各スライスチーズをひっくり返し、トース

トしたパンをのせ、オリーブオイルをもう一度塗り、グリルに戻します。中まで火が通り、部分的に軽く茶色になるまで揚げます。

e) それぞれのサラダの上に、熱くトーストしたハルーミを 3 個置き、レモン汁をハルーミの上に絞り、サラダの上に垂らします。オレガノをふりかけてお召し上がりください。

41.   トリュフとルッコラのトースト

サーヴァント4

原材料：

- パン・オ・ルヴァンのかなり厚いスライス 4 枚、各スライスを分割します。

- トリュフオイル 小さじ2杯程度、または適量（トリュフオイルによって風味は大きく異なる傾向があります）

- セントジョンズワート マルセリン ベイクド チーズ 2 個 (各約 2 1/2 オンス)

- 塩 ひとつまみ

- ルッコラの若い葉 約8オンス（ゆるく詰めた約4カップ）

- エクストラバージンオリーブオイル大さじ2シェリービネガー数振り

手順

a) オーブンを400°Fに予熱します。

b) パン・オ・ルヴァンを天板に置き、オーブンで両面に軽く焼き色を付けます。オーブンから取り出し、それぞれに少量のトリュフオイルをかけ、その上にセントジョーンズワートチーズを大さじ1杯ほど乗せます。各トーストの上にマルセリン。

c) チーズに塩少々を軽くふりかけます。しばらくオーブンに戻します。

d) 一方、ロールパンは4枚のお皿に盛り付けられています。各皿にオリーブオイル、トリュフオイル、そしてシェリービネガーをところどころ数滴垂らします。投げるのではなく、水滴が皿の上に落ち着くようにしてください。

e) わずか 30 〜 45 秒後にチーズケーキをオーブンから取り出します。チーズが完全に溶けたり、茶色になって油っぽくなったりするのは望ましくありません。少し温かくてクリーミーな感じにしたいです。

f) 各サラダプレートにトースト4枚を置き、すぐにお召し上がりください。

42. ハム、チーズ、パイナップル

サーヴァント4

原材料：

- 6〜8オンスのターキーベーコン、厚めにスライス、またはすでに薄くスライスされている場合は細切りにします
- マヨネーズ 大さじ3、または必要に応じて
- 新鮮なパイナップルの厚いスライス 4 枚、または独自のジュースに漬けた缶詰のスライス 5 枚
- 薄くスライスした全粒粉または全粒粉パン 8 枚
- 食パン12〜15枚程度とピクルス
- 玉ねぎ 1/2個（薄切り）
- 約8オンスのタレッジョチーズ（皮を切り落としたもの）、またはシャープなチェダーチーズ、スライス
- パンを洗うためのエクストラバージンオリーブオイル

手順

a) 小さなボウルにターキーベーコンとマヨネーズを入れて混ぜます。それは脇に置いておいてください。

b) パイナップルを切るかすりおろし、ボウルに入れておきます。生のものを使う場合は、お好みで砂糖をふりかけてください。

c) スライスしたパンを並べます。 4枚にパイナップルをのせます。残りの4つは、最初にピクルスを入れ、次に七面鳥のベーコンサラダミックス、次に玉ねぎとタレッジョを入れます。パイナップルをコーティングしたパンのスライスを慎重に上に置き、サンドイッチを形成し、よく押し付けます。両面にオリーブオイルを軽く塗ります。

d) 焦げ付き防止の重いフライパンまたはパニーニプレスを中強火で加熱します。ハマグリをフライパンに入れ、片面がカリカリになって黄金色になり、チーズが溶け始めるまで炒め、押します。次に、スパチュラを使用し、場合によっては手で少し助けながら、アサリを慎重にひっくり返し、反対側を焼き色がつくまで押しながら焼きます。

e) サンドイッチの両面がカリッと薄茶色になり、チーズが溶けたら型から取り出し、半分に切ってお召し上がりください。

43. リコッタチーズグラノーラクランブルグリルチーズ

原材料：

- 15オンスリコッタチーズ
- 卵 4個
- 牛乳 1/2カップ
- パンチェッタ 8枚
- 小さな赤玉ねぎ 1 個（薄くスライス）
- 柔らかくしたバター 大さじ5（分割）
- ブラウンシュガー 1/2カップ
- グラノーラ 2カップ
- シナモンパン 8枚

説明書;

a) 卵を牛乳で溶き、脇に置きます。

b) 予熱したフライパンにパンチェッタを入れ、中火でカリカリになるまで炒めます。取り外して脇に置きます。

c) 予熱したフライパンに玉ねぎを入れ、バター大さじ1を入れます。玉ねぎがしんなりし始めたら、黒砂糖を加えて柔らかくなるまで炒めます。

d) グラノーラをボウルに加え、卵のボウルの隣に置きます。

e) パンのスライスを置き、各スライスの片面にバターを塗ります。合計大さじ2杯のバターを使用します。覆われていない側に、リコッタチーズの厚い層を広げます。

f) リコッタチーズの上に玉ねぎとパンチェッタを乗せ、残りの食パンをその上に置きます。閉じたら、サンドイッチ全体を卵混合物に浸し、グラノーラに移して全面を完全にコーティングします。

g) テフロン加工のフライパンを予熱し、バター大さじ2を弱火から中火で溶かします。バターが溶けたらアサリを加え、ヘラで押さえながら90秒ほど炒めます。冷めるまで裏返して繰り返します。取り出してカットしてお召し上がりください。

44. ラザニア グリルチーズ

原材料：

- 16オンスモッツァレラチーズ、スライス
- 15オンスリコッタチーズ
- すりおろしたパルメザンチーズ　大さじ2、黒コショウ小さじ1/2
- 新鮮なニンニクのみじん切り　小さじ1
- 16オンス牛ひき肉
- フレッシュバジル　大さじ1（混合）
- イタリアパン　8枚
- 柔らかいバター　スプーン2杯
- ガーリックパウダー　小さじ1
- 16オンスケチャップ、分けたもの

説明書;

a) リコッタチーズ、パルメザンチーズ大さじ1、黒コショウ、ニンニク、バジル
をボウルに入れて混ぜます。それは脇に置いておいてください。

b) 大きなフライパンを中火〜強火で加熱します。ミンチをよく茶色にな
るまで約7〜10分間調理し、かき混ぜます。

c) 片面にパンとバターを置き、ガーリックパウダーと残りのパルメザンチーズ
を振りかける。

d) リコッタチーズ混合物を4ピースのバターでない側に広げます（1ピースあたり約大さじ1〜2杯）。調理したミンチをリコッタチーズの上に置き、次にモッツァレラチーズのスライスを置きます。残りの4個にケチャップ大さじ1〜2を塗り、モッツァレラチーズの上に乗せてサンドイッチを閉じます。

e) 中火で温めたフライパンに移し、ヘラで押さえながら90秒ほど焼きます。チーズが溶けて黄金色になるまでひっくり返して繰り返します。

f) 取り出してスライスし、残りのケチャップを添えてサンドイッチに浸したり覆ったりします。

45. イタリアの伝統的なグリルチーズ

原材料：

- 16オンスモッツァレラチーズ、スライス
- すりおろしたパルメザンチーズ 大さじ2
- ソーセージ 4本
- ピーマン 1個（薄切り）
- 赤ピーマン 1個（薄切り）
- 小さな玉ねぎ 1 個（薄切り）
- オリーブオイル 1/4カップ
- ガーリックパウダー 小さじ3/4
- イタリアパン 8枚
- 柔らかいバター スプーン2杯

説明書;

a) ソーセージパティをグリルまたはグリルパンで内部温度が165°Fになる まで調理します。

b) スライスしたピーマンと玉ねぎを天板に置きます。軽く油を塗り、ガーリ ックパウダーを振りかける。柔らかくなるまで375°Fで10分間焼きます 。

c) 食パンを並べて片面にバターを塗ります。バターを塗った面にガーリック パウダーとパルメザンチーズをふりかけます。

d) モッツァレラチーズのスライス、ソーセージ、コショウ、タマネギをバターの ない面に置き、さらにモッツァレラチーズを加えて仕上げます。

e) サンドイッチを閉じ、焦げ付き防止の鍋に入れて中火にかけます。ヘラで押さえながら1分ほど焼きます。

f) チーズが溶けて黄金色になるまでひっくり返して繰り返します。取り出してカットしてお召し上がりください。

46.グリルチーズと地中海風ミートボール

原材料：

- 16オンスモッツァレラチーズ、スライス
- 15オンスリコッタチーズ
- パルメザンチーズ 大さじ2（分けて）
- イタリアパン 厚切り 8枚切り
- 柔らかいバター スプーン2杯
- 16オンストマトソース
- 4オンス。ペストソースまたは新鮮なバジルの葉12〜16枚をオリーブオイル1/4カップと混ぜる
- フレッシュミントの小枝 2 本（葉約 12 〜 16 枚）、みじん切り
- 8〜2オンス冷凍ミートボール（調理済み）、スライス

説明書;

a) スライスしたパンを並べます。それぞれの片面にバターを塗り、パルメザンチーズ大さじ1をバターの側面に振りかけます。

b) ひっくり返してトマトソースとバターを塗っていない面にリコッタチーズの厚い層を広げます。ペストをチーズの上に広げ、続いて刻んだミントと残りのパルメザンチーズを広げます。次にミートボールのスライスを並べ、その上にモッツァレラチーズを乗せます。

c) サンドイッチを閉じ、予熱した焦げ付き防止パンに移します。ヘラで押さえながら90秒ほど焼きます。チーズが溶けて黄金色になるまでひっくり返して繰り返します。取り出してカットしてお召し上がりください。

47.ほうれん草のペストとグリルしたアボカドチーズ

原材料：

- 16オンスモッツァレラチーズ、スライス
- 15オンスリコッタチーズ
- すりおろしたパルメザンチーズ　大さじ1
- 細かく刻んだ新鮮なバジル　大さじ2
- マーブルライ麦パン　8枚
- 柔らかいバター　スプーン2杯
- 1〜8オンス冷凍ほうれん草をパックし、解凍して水気を切る
- アボカド　2個（熟したもの）、皮をむき、スライスする

説明書;

a) リコッタチーズ、ペスト、パルメザンチーズを小さなボウルに入れ、フォークで混ぜ合わせます。リコッタチーズをふわふわになるように折ります。それは脇に置いておいてください。

b) パンのスライスを並べ、各スライスの片面にバターを塗ります。

c) 4枚のスライスの油を塗っていない側に、大さじ1〜2のリコッタチーズ混合物を塗ります。

d) ほうれん草をちぎってリコッタチーズの隣に置き、その次にアボカドとモッツァレラチーズを並べます。

e) サンドイッチを閉じ、予熱したフライパンに置きます。ヘラで押さえながら90秒ほど焼きます。チーズが溶けて黄金色になるまでひっくり返して繰り返します。取り出してカットしてお召し上がりください。

48. バジルベーコングリルチーズイチゴ添え

120

原材料：

- 12オンスフレッシュモッツァレラチーズをスライスします
- 食パン 8枚切り、厚切り
- 柔らかいバター スプーン2杯
- 新鮮なイチゴ 8 個（中～大）、薄くスライス
- 新鮮なバジルの葉 12 枚（丸ごと）
- 生ハム 8枚（薄くスライス）
- 2オンスバルサミコ釉

説明書;

a) スライスしたパンとバターをそれぞれの片面に置きます。

b) バターのない面には、フレッシュモッツァレラ、イチゴ、バジルの葉、ベーコンを重ねます。バルサミコ釉薬を上に広げます。残りのパンをその上に置き、予熱したテフロン加工のパンに移します。ヘラで押さえながら1分ほど焼きます。裏返して黄金色になるまで繰り返します。

c) 取り出し、必要に応じて追加のバルサミコ酢を振りかけ、スライスしてお召し上がりください。

49. バターとグリルチーズ

原材料：

- 15オンスリコッタチーズ
- アーモンドバター　大さじ4
- 蜂蜜　小さじ2
- パンチェッタ　12枚（ベーコンでも代用可）
- 食パン　8枚切り、厚切り
- 柔らかいバター　スプーン2杯
- イチゴジャムまたはゼリー　大さじ8

手順

a) 小さなミキシングボウルにアーモンドバター、蜂蜜、リコッタチーズを入れて混ぜます。それは脇に置いておいてください。

b) パンチェッタをカリカリになるまで調理します。

c) パンのスライスを並べ、各スライスの片面にバターを塗ります。パンをひっくり返し、リコッタチーズとアーモンドバターの混合物をバターのない面に塗り、次にゼリー/ジャム、そしてパンチェッタを塗ります。

d) サンドイッチを閉じ、予熱した鍋に入れて弱火から中火にかけます。

e) スパチュラで押しながら約90秒間焼きます。ひっくり返し、きつね色になるまで繰り返します。取り出してカットしてお召し上がりください。

50. バッファローチキンのグリルチーズ添え

原材料：

- 16オンスモッツァレラチーズ、スライス
- 4〜4オンス骨なし鶏の胸肉、スライス　植物油　1/4　カップ　ホットソース　1/2　カップ
- セロリの小茎　1本
- 小さなニンジン　1本
- 白パン　8枚
- 柔らかいバター　スプーン2杯
- ブルーチーズソース　1カップ

手順

a) 鶏肉を皿に置きます。両面に油を塗り、予熱した鉄板またはグリルに置きます。内部温度が約　165　°F　になるまで調理します。片面3分ずつ。グリルから取り出し、ホットソースに入れます。それは脇に置いておいてください。

b) セロリを細かく刻みます。ニンジンの皮をむき、おろし金ですりおろします。

c) 食パンを8枚切り、片面にバターを塗り、もう片面にブルーチーズを塗ります。ブルーチーズ側にはモッツァレラ、鶏肉、セロリ、ニンジンを重ね、最後にさらにモッツァレラを乗せます。

d) もう一方のパンを上に乗せ、テフロン加工のフライパンに入れて中火に熱します。ヘラで押さえながら1分ほど焼きます。

e) チーズが溶けて黄金色になるまでひっくり返して繰り返します。取り出してカットしてお召し上がりください。

51. チーズ野菜ピザ

原材料：

- 16オンスモッツァレラチーズ、スライス
- 15オンスリコッタチーズ
- パルメザンチーズ 大さじ4（分けて）
- 小さなナス 1個
- 赤ピーマン 2個
- ズッキーニ 大1個
- オリーブオイル 3/4カップ（小分け）
- 新鮮なニンニクのみじん切り 小さじ1
- 4 - 8 インチのピザ生地、調理済み
- 新鮮なローズマリー 1 小枝（茎を取り、細かく刻む）

手順

a) オーブンを華氏375度に予熱します。

b) ナスの皮をむき、1/4インチのスライスに切ります。ピーマンとズッキーニを1/4インチのスライスに切ります。野菜をトレイに置き、オリーブオイルを軽く塗ります。 375度のオーブンで柔らかくなるまで15〜20分間焼きます。

c) リコッタチーズ、ニンニク、パルメザンチーズの半分をボウルに加え、フォークで混ざり合うまで混ぜます。リコッタチーズをふわふわになるように折ります。それは脇に置いておいてください。

d) 先ほど焼いたピザ生地を広げ、残りのオリーブオイルを刷毛で軽く塗ります。片面に刻んだローズマリーと残りのパルメザンチーズを振りかけます。ひっくり返して、味付けされていない面にリコッタチーズ混合物を広げます。それは脇に置いておいてください。

e) 野菜の準備ができたら、リコッタチーズ生地の半分にナス、ズッキーニ、ピーマンを置き、続いてモッツァレラチーズを乗せてサンドイッチを組み立てます。蓋をして、予熱したパンまたはテフロン加工のパンに入れ、弱火から中火にかけます。パンがクラストよりも大きいことを確認してください。

f) ヘラで押さえながら90秒ほど焼きます。チーズが完全に溶けて黄金色になりチーズっぽくなるまで、ひっくり返して繰り返します。取り出してカットしてお召し上がりください。

52. チェダーチーズとサワー種のグリルチーズ

収量 1 回分

原材料：

- サワー種パン 2個
- 無塩バター 大さじ1と1/2
- マヨネーズ スプーン1と1/2
- チェダーチーズ 3枚

手順

a) まな板の上のパンの片面にバターを塗ります。

b) パンをひっくり返し、それぞれのパンにマヨネーズを塗ります。

c) 一枚のパンのバターを塗った側にチーズを置きます。 2枚目のパンに マヨネーズをかけてトッピングします。

d) 焦げ付き防止のフライパンを中弱火で加熱します。

e) サンドイッチをマヨネーズ面を下にして鍋に置きます。

f) 黄金色になるまで3〜4分間調理します。

g) スパチュラを使ってサンドイッチをひっくり返し、きつね色になるまで約2 〜3分間焼き続けます。

53.グリルチーズサンドイッチ

結果 2

原材料：

- 白パン 4枚
- バター 大さじ3（分割）
- チェダーチーズ 2枚

手順

a) 鍋を中火で加熱します。

b) 食パンの片面にバターを塗ります。パンの底にバターを入れ、スライスチーズを1枚加えます。

c) もう一枚のパンを片面に広げ、バター面を上にしてサンドイッチの上に置きます。

d) 茶色になるまでグリルし、ひっくり返します。チーズが溶けるまで焼き続けます。

e) 残りのパン2枚、バター、スライスチーズでも同じ作業を繰り返します。

54. ほうれん草とフェンネルのハヴァルティサンドイッチ

サーヴァント4

原材料：

- イタリア風食パン　8枚
- 白トリュフピューレまたはその他のトリュフまたはトリュフポルチーニ　大さ
じ3〜4
- 4オンスのタレッジョチーズ、スライス
- 4オンスのフォンティーナチーズ、パンに塗るための柔らかくしたバターの
スライス

手順

a) 食パンの片面にトリュフペーストを軽く塗ります。スライス4枚の上にタ
レッジョとフォンティーナを乗せ、さらにトリュフ生地をそれぞれ乗せます
。

b) 各サンドイッチの外側に軽くバターを塗り、パニーニプレスまたは重いフ
ライパンを中強火で加熱します。

c) パンがカリッと黄金色になり、チーズが溶けるまで、サンドイッチを1、2
回ひっくり返しながらトーストします。

d) トリュフととろけるチーズの香りが漂い、正方形または美味しいスティ
ック状に切ってすぐにお召し上がりください。

55. ジャックのライ麦ローストマスタード添え

サービス4

原材料：
- グリーンオリーブのタプナード　スプーン2杯
- マイルドディジョンマスタード　大さじ3
- 種入りライ麦パン　8枚
- 8〜10オンスのジャックチーズ、またはその他の柔らかい白チーズ（ハヴァルティやエダムなど）をスライス
- パンを洗うためのオリーブオイル

手順

a) 小さなボウルにタプナードとマスタードを入れて混ぜます。

b) パンを広げ、片面に4枚のスライスを広げ、お好みでタプナードマスタードを塗ります。チーズと2枚目のパンをのせ、よく押し込みます。

c) しながら、焦げ付かない重いフライパンでトーストします。

d) 中火で軽く焼き色がつき、中はチーズが溶けるまで焼きます。

e) 黄金色に輝く熱々をお召し上がりください。

56. パン・オ・ルヴァンのラディッキオとロックフォール

サーヴァント4

原材料：

- ロックフォールチーズ 6〜8オンス
- パン・オ・ルヴァンまたはサワー種パンの薄いスライス 8枚
- 粗く刻んだトーストピーカンナッツ 大さじ3
- ラディッキオの大きな葉 4〜8枚
- ブラッシング用のオリーブオイルまたはパンに塗る用の柔らかいバター

手順

a) 8枚切りの食パンにロックフォールチーズを均等に塗ります。

b) その上にピーカンチーズのスライスを4枚乗せ、その上にラディッキオのスライスを1枚または2枚乗せます。端が見えるくらいの葉を使います。チーズを塗った別のパンをそれぞれの上に乗せ、一緒に押して密閉します。外側に油またはバターを塗ります。

c) 焦げ付き防止の重いフライパンまたはパニーニプレスを中強火で加熱します。ハマグリを鍋に入れ、鍋の大きさに応じて2回に分けて作業します。推奨どおりに重しを加え、パンがカリカリになりチーズが溶けるまで、1、2回ひっくり返しながら調理します。

d) 半分または4分の1に切ってすぐにお召し上がりください。

57. ライ麦にガーリックを添えたベイクドチーズ

サーヴァント4

原材料：
- サワー種ライ麦パンの大きくて厚いスライス 4 枚
- 半分に切ったニンニク 4片
- 4〜6オンスのフェタチーズ、薄くスライスまたは砕いたもの
- 新玉ねぎまたはネギのみじん切り 大さじ2
- 約6オンスの薄くスライスまたはすりおろしたソフトホワイトチーズ（ジャック、ミディアムアジアーゴ、またはショーメなど）

手順

a) グリルを予熱します。

b) グリルの下の天板の上でパンを軽くトーストします。両面をニンニクでこすります。残りのニンニクをみじん切りにし、しばらく置いておきます。

c) ニンニクをすり込んだトーストの上にスライスを置き、残りのニンニク、次にチャイブを振りかけ、その上にセカンドチーズを乗せます。

d) チーズが溶けて茶色になり、所々に軽く焼き色がつき、トーストの端がカリッと茶色になるまで焼きます。

e) 熱々でとろとろの状態で、すぐにお召し上がりください。

58. イギリスのとろけるチーズとピクルス

サーヴァント4

原材料：

- ボリュームたっぷりの白パンまたは全粒粉パン 4 枚
- ピクルス 大さじ3程度（粗みじん切り）
- 6〜8オンスの硬く熟したチェダーチーズまたはチェシャーイングリッシュチーズ（スライス）

手順

a) グリルを予熱します。

b) パンを天板に置きます。グリルで軽く焼き、取り出して軽くトーストしたパンにピクルスをたっぷりと広げます。その上にチーズを乗せ、チーズが溶けるまでグリルの下に置きます。

59.フレッシュモッツァレラ、生ハム、イチジクのジャム

サーヴァント4

原材料：
- ソフトチップスまたはイタリアンロール　4枚（あれば半焼き）
- 10〜12オンスのフレッシュモッツァレラ、厚切り
- 8オンスのベーコン、薄くスライス
- イチジクジャムまたはイチジクジャム　1/4〜1/2　カップ（お好みで）
- パンに塗るソフトバター

手順

a) それぞれのロールを切り離し、モッツァレラチーズとベーコンを広げます。上のスライスにイチジクジャムを塗り、閉じます。

b) 各サンドイッチの外側にバターを少し塗ります。

c) 焦げ付き防止の重いフライパンまたはパニーニプレスを中強火で加熱します。ハマグリを鍋に入れ、鍋の大きさに応じて2回に分けて作業します。グリルを押すか閉じて、パンがカリカリになりチーズが溶けるまで1、2回回転させてトーストします。ロールは最初は丸いですが、押すと著しく平らになり、注意しながら回すのは簡単です。

60. レアローストビーフ ブルーチーズ添え

サーヴァント4

原材料：

- ソフトサワードウまたはスイートロール　4個
- 10〜12オンスのブルーチーズ、広げやすいように室温に置いておく
- 8〜10オンスのレアローストビーフ、薄切り
- クレソンの葉を持つ雑草
- パンに塗るソフトバター

手順

a) 各ロールを分割し、各面にたっぷりのブルーチーズを塗ります。ロースト肉をそれぞれのロールに置き、次にクレソンの葉を入れて再度密封し、よく押して密封します。

b) 各サンドイッチの外側にバターを少し塗ります。

c) 重いフライパンまたはパニーニプレスを中火〜強火で加熱します。

d) ハマグリを鍋に入れ、鍋の大きさに応じて2回に分けて作業します。

e) 重石を外し、パンがカリカリになりチーズが溶けるまで1、2回ひっくり返しながら焼きます。

61. 玉ねぎ入りレッドレスター

原材料：

- 柔らかい全粒小麦、発芽小麦、フェンネル、またはポテトブレッドなどのボリュームのある白身の薄いスライス 8 枚
- 中くらいの玉ねぎ 1/2 個、皮をむき、斜めに薄くスライスします
- 10〜12オンスのソフトチェダーチーズ
- ブラッシング用のオリーブオイルまたはパンに塗る用の柔らかいバター
- マイルドで力強い、非常に興味深いマスタードの選択

手順

a) スライスしたパンを置きます。 4枚のパンの上に玉ねぎを1枚重ね、パンと玉ねぎを完全に覆うのに十分な量のチーズをのせます。残りのパンのスライスをそれぞれ上に乗せてサンドイッチを作り、よく押し付けます。

b) アサリの外側にオリーブオイルを塗るか、柔らかいバターを塗ります。

c) 厚手のフライパンまたはアサリプレスを中火に熱し、アサリを加えて中火に下げます。鍋を使用する場合は重しを上に置き、焦げる恐れがある場合は火を弱めます。時々チェックしてください。片面がきつね色になったらひっくり返し、重さを量って反対側も焼き色をつけます。

d) くさび形または三角形に切り、マスタードを添えてすぐにお召し上がりください。

62. <u>ハヴァルティほうれん草とフェンネルのパンの上</u>

サーヴァント4

原材料：
● ニンニク 2片（みじん切り）
● エキストラバージンオリーブオイル　大さじ2（分けて）
● 調理したほうれん草 1 カップ（みじん切りにし、水を切り、乾燥させたもの）
● マルチグレインパン 8 枚、またはフォカッチャ 1 枚、約 12 x 15 インチ、水平にスライス
● 8オンスのハヴァルティフェンネル、スライス
手順

a) 焦げ付き防止の厚手の鍋にオリーブオイル大さじ1を入れてニンニクを中弱火で加熱し、ほうれん草を加えて軽く火が通るまで炒めます。

b) 4枚の食パンの上（またはフォカッチャの下の層）にチーズを並べ、その上にほうれん草ともう一枚のパン（またはフォカッチャの上）を置きます。

c) 押して密閉し、アサリの外側に残ったオリーブオイルを刷毛で塗ります。

d) サンドイッチを重さを量ってフライパンでトーストするか、パニーニプレスで中火にかけます。片面に軽く焼き色がつき、きつね色になるまで焼き、裏返して反対側も焼き色がつくまで焼きます。チーズが溶けたらサンドイッチの完成です。

e) 斜めに切ってすぐにお召し上がりください。

63. オープングリルチェダーとディルピクルス

サーヴァント4

原材料：

- おいしい白パン 4 枚
- 6〜8オンスのシュレッドチェダーチーズ、薄くスライス
- 薄くスライスしたスイートピクルスまたはコーシャーディル 1〜2個

手順

a) グリルを予熱します。

b) パンをグリルで軽くトーストし、各スライスの上にチーズ、ピクルスなどを乗せます。チーズが溶けてパンの端がカリッとカリカリになるまで焼きます。

c) 4分の1に切り、すぐにお召し上がりください。

64. ハリーズバースペシャル

ベン12;サーヴァント4

原材料：

- グリュイエール、エメンタール、またはその他のスイスチーズ、粗くおろしたもの　6オンス
- 角切りにしたスモークハム　2〜3オンス
- 素晴らしいドライマスタードたっぷり
- ウスターソースを数振り
- ホイップクリームまたはサワークリーム　大さじ1、またはすべてをまとめるのに十分な量
- 濃厚な白パンの非常に薄いスライス　8　枚、カットクラスト
- ブラッシング用のオリーブオイルまたはパンに塗る用の柔らかいバター

手順

a) 中くらいのボウルにチーズとスモークベーコン、マスタード、ウスターソースを入れて混ぜます。よく混ぜてからクリームを加え、濃厚な塊を形成してまとまるまで加えます。

b) チーズとハムを混ぜたものを4枚の食パンの上と他の4枚の食パンの上に厚く塗ります。アサリはよく押して3本の指に切ります。

c) アサリの外側にオリーブオイルを塗り、焦げ付かない厚手のフライパンで中火にかけ、ヘラで押さえながら焼きます。片面に軽く焼き色がついたらひっくり返し、反対側も焼き色をつける。

d) すぐに熱いうちにお召し上がりください。

65.ブルーチーズとグリュイエールのキャス クルート

サーヴァント4

原材料：
- バゲット　1個（縦に裂いて少しくり抜いたもの）
- パンに塗る柔らかいバター　スプーン2〜3杯
- 辛口白ワイン　大さじ1〜2
- ニンニク　3〜4片（みじん切り）
- 風味豊かなブルーチーズ　8〜10オンス
- グリュイエール　8〜10オンス
- ナツメググラインド

手順

a) グリルを予熱します。

b) 半分に切ったバゲットの内側にバターを軽く塗り、その上に白ワインとニンニクを少々振りかけます。チーズを重ね、グリュイエールチーズの層で仕上げ、ナツメグを振りかけ、残りのニンニクとワインをさらに数滴加えます。

c) チーズが溶けて茶色になり、パンの端がカリカリになってトーストされるまで、サンドイッチを揚げます。

d) 数センチの長さに切って、すぐにお召し上がりください。

66. フレッシュトリュフのコンテ黒アンズタケ添え

サーヴァント4

原材料：

- 1オンスの生のマッシュルームまたは1/2オンスの乾燥ブラックマッシュルーム
- 無塩バター　大さじ6
- マッシュルームまたは野菜のスープ　1/4　カップ
- 黒トリュフオイル　大さじ2、またはお好みで

サンドイッチ

- バゲット　1枚（斜め薄切り）
- コンテ、厚さ約1/8インチにスライスし、バゲットの小さなスライスに合わせてカットします
- パンに塗るエキストラバージンオリーブオイル大さじ1〜2
- ニンニク　1〜2片（みじん切り）
- 新玉ねぎのみじん切りまたは平葉パセリ　大さじ1〜2

手順

a) の準備: 新鮮なキノコを使用する場合は、洗って乾燥させ、細かく刻みます。乾燥キノコを使用する場合は、沸騰するまで加熱したキノコのストックをキノコの上に注ぎ、戻します。蓋をしたまま約30分間、または柔らかくしなやかになるまで放置します。液体から取り出し、絞って乾燥させ、調理用の液体を下に保管します。戻したキノコを切り、新鮮なまま続けます。

b) 焦げ付き防止の重いフライパンでバターを中火で加熱します。溶けて茶色になったら、キノコを加え、熱いバターと一緒にしばらく調理します。ストックを注ぎ、ストックがほぼ完全に蒸発するまで中強火で5〜7分間調理します。火から下ろし、ボウルに入れます。数分間冷ました後、トリュフオイルを加えてよく混ぜ、激しく泡立てます。

c) バゲットのスライスを重ねます。それらの半分にトリュフキノコの混合物を広げ、次にスライスチーズを置き、最後にバゲットの残りを置きます。よく押し合わせてください。サンドイッチは小さく、中身が比較的乾燥しているため、崩れやすいです。ただし、サンドイッチに焼き色が付くと、チーズが溶けてサンドイッチをまとめます。

d) 各サンドイッチの外側にオリーブオイルを軽く塗ります。重いフライパンを中火で加熱し、アサリを加え、必要に応じて少しずつ加えます。重りを加えて火を中または中弱に下げます。パンがカリッと黄金色になり、チーズが溶けるまで、サンドイッチを1、2回ひっくり返しながらトーストします。ニンニクとチャイブを上に振りかけてお召し上がりください。

e) フライパンから取り出す直前にニンニクを振りかけると、ネギの鋭い辛味が保たれるため、小さなサンドイッチはどれもチーズとトリュフを詰めたガーリックブレッドのような味わいになります。残りのアサリでも同じ作業を繰り返し、次のアサリのフライ中に焦げないように残りのニンニクをフライパンから取り除きます。

67. スパイス入りヤギチーズのパン

ベン12;サーヴァント4

原材料：

- バゲットの薄いスライス　12枚
- エクストラバージンオリーブオイル
- 軽く調理したヤギチーズ　3〜4オンス
- 挽いたクミン　小さじ1/4程度
- タイム　小さじ1/2
- パプリカ　小さじ1/4〜1/2
- コリアンダー_{小さじ}1/8程度
- ニンニク　2片（みじん切り）
- 刻んだ新鮮なコリアンダー　大さじ1〜2

手順

a) グリルを予熱します。

b) バゲットのスライスにオリーブオイルを塗り、ベーキングシートの上に一層に置き、グリルパンで両面を軽くトーストします。

c) トーストしたバゲットのスライスにチーズを乗せ、クミン、タイム、パプリカ、コリアンダー、みじん切りにしたニンニクを散らします。オリーブオイルを刷毛で塗り、チーズが少し溶けて所々に焼き色がつくまで焼きます。

d) コリアンダーを振りかけ、すぐにお召し上がりください。

68. ロックフォールサンドイッチとビーツマーマレード

ベン8;サーヴァント4

ジンジャーパンチマーマレード

原材料：

- 中くらいのビート 3 個（合計 16 〜 18 オンス）、丸ごと皮をむいていない

- 玉ねぎ 1 個（4 等分）、さらに玉ねぎ 1/2 個（さいの目切り）

- 赤ワイン 1/2カップ

- 赤ワインビネガー 約1/4カップ

- 砂糖 スプーン2杯程度

- 刻んだレーズンまたはドライイチジク 大さじ2

- 皮をむいた新鮮な生姜のみじん切り 小さじ半分程度

- 五香粉、クローブ、またはハーブ ひとつまみ

サンドイッチ

- 斜めにスライスした非常に薄いオールドファッションドバゲットまたは薄くスライスしたオールドファッションドチャバタ 16枚

- ロックフォールチーズ 6オンス

- パンに塗るオリーブオイル大さじ1程度

- クレソン 約2カップ（3オンス）

  手順

a) オーブンを375°Fに予熱します。

b) **ビーツマーマレードを作るには：** ビーツ、4等分した玉ねぎ、赤ワインを、数インチの隙間ができる大きさのオーブン対応の皿に入れます。フラ

イパンをアルミホイルで覆い、1時間またはビーツが柔らかくなるまで焼きます。取り出して蓋を外し、冷まします。

c) 冷めてからビーツの皮をむき、 1/4インチから1/8_{インチの小片に切ります。}調理した玉ねぎを粗く刻み、ビーツと鍋からの煮汁を、みじん切りの玉ねぎ、酢、砂糖、レーズン、生姜、大さじ数杯の水と一緒に鍋に入れて混ぜます。

d) 沸騰させ、玉ねぎが柔らかくなり、ほとんどの液体が蒸発するまで中強火で調理します。燃やさないでください。火から下ろし、砂糖と酢を加えて味を調整します。五香粉と一緒に、ほんのひとつまみだけ、慎重に摂取してください。それは脇に置いておいてください。約2杯分出来ます。

e) **サンドイッチの作り方**：バゲットを8枚並べ、それぞれの厚みにロックフォールチーズを塗ります。残りのバゲットのスライスをそれぞれ上に置き、しっかりと押して保持します。ミニサンドイッチの両面に少量のオリーブオイルを塗ります。

f) 焦げ付き防止の重いフライパンを中火で熱し、アサリを入れます。火を中弱または中程度に下げます。アサリの片面をカリカリになるまで焼き、ヘラで軽く押し、ひっくり返して反対側も軽く焼き色をつけます。

g) 熱々のアサリを皿に盛り付け、クレソンの小枝 1 〜 2 本とビーツマーマレードをスプーン一杯たっぷり添えます。

69. イビサ島のボカディージョ

サーヴァント4

マグロと赤唐辛子

原材料：

- 6オンスの白身マグロの塊をオリーブオイルに詰め、水を切ります
- 赤ピーマン　1　個、ローストし、皮をむき、切る（瓶からでも大丈夫）
- 玉ねぎ　1/2個、細かくみじん切りにする
- マヨネーズ　スプーン4〜6杯
- エキストラバージンオリーブオイル　大さじ1
- パプリカ　小さじ1〜2
- 新鮮なレモンを数滴
- 起きろ
- 塩
- ブラックペッパー

サンドイッチ

- サンドライトマトパン　8枚
- 8オンスの熟成ゴーダ、ジャック、またはホワイトチェダーチーズ
- パンを洗うためのオリーブオイル

手順

a) マグロ混合物を作る:　中くらいのボウルにマグロをフォークで砕き、赤唐辛子、玉ねぎ、マヨネーズ、エキストラバージンオリーブオイル、パプリ

力、レモン汁、塩、コショウを加えて混ぜます。マヨネーズの量は適度な濃さに調整してください。

b) サンドイッチを作るには: スライスしたパンを4枚並べ、それぞれの上にチーズの4分の1を乗せます。ツナの混合物を上に乗せ、次に残りのパンを乗せます。

c) アサリの外側にオリーブオイルを軽く塗ります。焦げ付き防止の厚手のフライパンを中火で加熱し、アサリを加えます。

d) 重い鍋の底でチーズを押しつぶさず、チーズが溶けるまで平らに保ちます。火を中火に弱め、パンがカリッと黄金色になるまで片面を焼き、ひっくり返して繰り返します。

e) 時々計量皿を持ち上げてチーズの状態を確認してください。

f) それが溶けて、少し滴るのがわかりますが、パンが黄金色でカリカリになったら、パンから取り出します。チーズが溶ける前にパンの色が濃すぎる場合は、火を弱めます。

g) 温かいままでも冷やしても、すぐにお召し上がりください。

70.グリルクラブサンドイッチ

サーヴァント4

原材料：

- マヨネーズ　スプーン3杯
- ケッパー　大さじ1（水気を切っておく）
- 厚切りベーコン　8枚
- 大きなパンの半分から切り取ったパン・オ・ルヴァンの薄いスライス　8枚（長さ約 10 インチ、幅約 5 インチ）
- 8オンスのビューフォート、コンテ、またはエメンタールチーズ、スライス
- 熟したトマト　2 個（スライス）
- 骨なし鶏の胸肉　2 枚を調理、焼く、またはグリルし、スライスに切ります。
- パンを洗うためのオリーブオイル
- ルッコラの葉　2カップ程度
- 生バジルの葉　12枚程度

手順

a) 小さなボウルにマヨネーズとケッパーを入れて混ぜます。それは脇に置いておいてください。

b) ベーコンを厚手の鍋で両面がカリカリに焼き色がつくまで焼きます。鍋から取り出し、吸水性のあるペーパータオルの上で水気を切ります。

c) 作業台に4枚のパンを置き、その上にチーズの層を置き、その上にトマト、ハム、最後に鶏肉を置きます。

d) 残りの4枚の食パンにケッパーマヨネーズをたっぷりと塗り、それぞれのサンドイッチをトッピングします。押してしっかり閉めます。

e) 外側にオリーブオイルを薄く塗ります。

f) 焦げ付き防止の重いフライパンまたはパニーニプレスを中強火で加熱します。アサリを加え、必要に応じて2回に分けて加えます。サンドイッチを軽く重し、火を中火に下げ、パンの底に点々の焼き色がつき、チーズが完全に溶けるまで調理します。

g) アサリが崩れそうになったら慎重に向きを変え、肩の上で手を使ってバランスを取りましょう。片面は茶色で、重みはありませんが、サンドイッチを少し押し下げて密封して一緒に保持します。

h) 型から取り出し、4 つのサンドイッチすべての上部を開け、ルッコラ 1 個とバジルの葉 2 枚を詰め、すべてを密閉します。

i) 半分に切ってすぐにお召し上がりください。

71. ウェールズ・レアビットの目玉焼き添え

サーヴァント4

原材料：

- 大きな卵 4個
- 白ワインビネガー 数滴
- 全粒粉パンまたはサワ種パン 4 枚、またはイングリッシュマフィン 2つ
- 柔らかくしたバター 大さじ2程度
- 12オンスのシャープなチェダーチーズまたはチェシャーチーズ、粗くおろす
- ねぎ 1〜2本（薄切り）
- エールまたはラガー 小さじ1〜2（お好みで）
- 全粒マスタード 小さじ1/2および/または乾燥マスタードパウダー 数つまみ
- ウスターソースをたっぷりと数振り
- レッドペッパーシェイク

手順

a) 卵を炒める：各卵を割り、カップまたはラメキンに入れます。水を満たした深い鍋で沸騰させます。火を弱めて沸騰させます。水に塩を加えず、酢を数振り加えます。各卵を沸騰したお湯に入れます。

b) 卵を白身が固まり、黄身がまだとろとろになるまで2〜3分間炒めます。穴あきスプーンで取り出し、皿に置いて余分な水を切ります。

c) グリルを予熱します。

d) パンをグリルで軽く焼き、バターを軽く塗ります。

e) パンを天板に置きます。各食分にゆで卵 1 個をトッピングします。

f) 中くらいのボウルにチェダーチーズ、ネギ、エール、マスタード、ウスターソース、赤唐辛子を入れて混ぜます。卵黄を割らないように注意しながら、チーズ混合物をゆで卵の上に均等に注ぎます。

g) チーズと卵を加えたトーストを、チーズが溶けてソース状の混合物になり、チーズとトーストの端がカリカリに茶色になるまで炒めます。すぐにお召し上がりください。

72. ホットマファレッタ

サーヴァント4

原材料：
- ソフトフレンチロール　4個
- エクストラバージンオリーブオイル
- 赤ワインビネガーをあちこちに振ります
- ニンニク　4〜6片　（みじん切り）
- ケッパー　小さじ3〜4　（水気を切っておく）
- 砕いた乾燥オレガノ　大きめのピンチ　2〜3　個
- ローストまたは角切りの赤ピーマン　1/2カップ
- ギリシャ風やイタリア風などのマイルドなピーマンのピクルス　4　個　（スライス）
- 赤玉ねぎまたはその他の柔らかい玉ねぎ　1/2　個、非常に薄くスライス
- ピミエントを詰めたグリーンオリーブ　1/2　カップ　（スライス）
- 大きめのトマト　1　個　（薄くスライス）
- 4オンスのドライソーセージ、薄くスライス
- 4オンスのベーコン、スモークターキー
- 8オンスの薄くスライスしたプロヴォローネチーズ

手順

a) ロールを開き、ふわふわの中身をすくい出します。それぞれの切り口にオリーブオイルと酢をかけ、次にニンニク、ケッパー、オレガノをふりかけます。各ロールの片面には、赤ピーマン、ピーマンのピクルス、玉ねぎ、

オリーブ、トマト、サラミ、ハム、そして最後にチーズが置かれます。しっかりと閉じて、しっかりと押して密閉します。

b) 重いフライパンを中火で加熱し、各ロールの外側にオリーブオイルを軽く塗ります。サンドイッチを鍋に入れて重さを量るか、パニーニプレスに置きます。

c) 片面がきつね色になるまで焼き、ひっくり返して反対側も焼き色がつくまで焼きます。サンドイッチが黄金色になり、チーズが少し流れ出て、時々かき混ぜたら完成です。半分に切ってすぐに食べます。

73. キューバ産アサリ

サーヴァント4

原材料：

モジョソース

- エキストラバージンオリーブオイル　大さじ2
- ニンニク 8片（薄くスライス）
- 新鮮なオレンジジュースおよび/またはグレープフルーツジュース　1カップ
- 新鮮なレモン汁および/またはレモン汁　1/2カップ
- 塩挽きクミン　小さじ1/2
- ブラックペッパー

サンドイッチ

- ソフトバゲット 1 個、または長いソフトフレンチロール 4 個（分割）
- パンに塗る柔らかいバターまたはオリーブオイル
- 6オンスの薄くスライスした調理済みハムまたはハニーローストハム
- 調理済み鶏胸肉 1 枚、約 6 オンス、薄くスライス
- ゴーダ、マンチェゴ、エダムなどのフレーバーチーズ 8 オンス（スライス）
- 薄くスライスしたフェンネル、コーシャーフェンネル、またはスイートピクルス 1個
- バターまたはボストンビブレタス 4枚程度
- 中くらいの大きさのトマト 2〜3 個（熟したもの）、スライスに切る

手順

a) モホソースを作るには： 小さな重いフライパンにオリーブオイルとニンニクを入れ、ニンニクが茶色ではなく軽く黄金色になるまで、約30秒間ゆっくりと加熱します。柑橘類の果汁、クミン、塩、コショウを加えて味を調え、火から下ろします。冷まして味見をして調味料を調整してください。冷蔵庫で3日間保存可能です。 1 1/2カップができます。

b) グリルを予熱します。

c) サンドイッチを作るには: 各ロールのふわふわした内側を少し切ります。取り出したパンは廃棄するか、別の用途のために保存しておいてください。ロールの両面に少量の柔らかいバターまたはオリーブオイルを塗ります。グリルで両面を軽く焼き、火から下ろします。

d) パンの切り口にモホソースを少し垂らし、その上にベーコン、チキン、チーズ、ピクルスを乗せます。しっかりと閉じて押して密封し、サンドイッチの外側にオリーブオイルを軽く塗ります。

e) 重いフライパンまたはパニーニプレスを中火で加熱し、サンドイッチに焼き色を付けます。アサリはできるだけ平らに押してください。外側に軽く焼き色がつき、チーズが溶け始めるまで焼きます。アサリもヘラで押さえるように回して揚げます。

f) アサリがカリカリに焼けたらフライパンから取り出します。蓋を開け、レタスとトマトを加え、追加のモジョを添えてすぐにお召し上がりください。

74. パリ風グリルチーズ

サーヴァント4

原材料：

- 味と品質の良い白またはフランスのハードパン　8 枚
- 調理またはトーストしたベーコンまたは七面鳥ベーコンの薄いスライス　4 枚
- 柔らかい無塩バター　大さじ2
- グリュイエールチーズ　4オンス

手順

a) グリルを予熱します。

b) 天板に食パンを4枚並べ、ベーコンと残りの食パンをのせてサンドイッチを作ります。各サンドイッチの外側をブラシで塗り、軽く黄金色になるまでグリルの下に置き、ひっくり返して反対側に焼き色をつけます。

c) チーズをサンドイッチの片面の上全体に振りかけ、しばらくの間、またはチーズが溶けてあちこちで少し泡が立つまでキャベツに戻します。グリーンサラダを添えてすぐに食べます。

75. イビサ島のボカディージョ

サーヴァント4

原材料：

- 大きなフランス風またはイタリア風ソフトロール 4 個
- ニンニク 6〜8片（半分に切る）
- エクストラバージンオリーブオイル 大さじ4〜6
- トマトペースト 大さじ1
- 大きく熟したトマト 2〜3 個（薄くスライス）
- ドライオレガノをたっぷり振りかける
- スペイン産ハモンまたは生ハムなどの同様のハムの薄いスライス 8枚
- マンチェゴ、イディアサバル、マホンなどの柔らかくとろける風味豊かなチーズ、またはイグ ベラのセミセッコやジャックなどのカリフォルニア チーズ約 10 オンス
- 地中海産ミックスオリーブ

手順

a) グリルを予熱します。

b) ロールを切り、グリルの下で両面に軽く焼き色を付けます。

c) 各パンの切り口にニンニクをこすりつけます。

d) ガーリックブレッドにオリーブオイルを塗り、外側にさらに油を塗ります。トマトペーストを軽く塗り、スライスしたトマトと果汁をロールパンの上に置き、トマトペーストとトマトを押し付けて果汁をパンに染み込ませます。

e) 砕いたオレガノをふりかけ、ハムとチーズをのせます。蓋をしてよく押し、オリーブオイルを軽く塗ります。

f) 重いフライパンまたはパニーニプレスを中火で加熱し、アサリを加えます。鍋を使用する場合は、アサリの重さを量ります。

g) 火を中弱火に下げ、外側に軽く焼き色がつき、チーズが溶け始めるまで調理します。ひっくり返して片面も焼きます。

h) 半分に切って、一握りのミックスオリーブと一緒にすぐにお召し上がりください。

76. オリーブパンにトマトとマオンチーズ

やること4

原材料：

- 新鮮な小さなセージの葉　10〜12枚
- 無塩バター　大さじ3
- エキストラバージンオリーブオイル　大さじ1
- 田舎パン　8枚切り
- 4オンスのベーコン、薄くスライス
- フォンティーナ、熟成ビューフォート、エメンタールなどの風味豊かなマウンテンチーズ　10〜12オンス
- ニンニク　2片（みじん切り）

手順

a) テフロン加工の重いフライパンで中弱火にかけ、セージの葉、バター、オリーブオイルをバターが溶けて泡立つまでかき混ぜます。

b) その間に、パン4枚にバターを塗り、その上にハム、次にフォンティーナ、そしてニンニクを少々乗せます。残りのパンを上に置き、よく押します。

c) 熱したセージとバターの混合物にアサリを慎重に入れます。いくつかのバッチに分けて作るか、2 つの型を使用する必要があるかもしれません。重い鍋を上に乗せて重りを置き、アサリを押し下げます。外側に軽く焼き色がつき、チーズが溶け始めるまで焼きます。ひっくり返して片面も焼きます。

d) サンドイッチはアツアツでサクサク、斜め半分に切ってお召し上がりください。セージの葉は捨てるか、新鮮なままちぎってローストします。

77.エメンタールと洋梨のサンドイッチ

サーヴァント4

原材料：

- パン・オ・ルヴァン、サワークリームまたはサワープンパーニッケルの薄いスライス 8枚
- 4オンスのエメンタールチーズ、薄くスライス
- 熟しているがしっかりした洋梨 1 個（皮をむかずに非常に薄くスライス）
- 4オンスのアッペンツェルチーズ、薄くスライス
- キャラウェイシード 数つまみ パンに塗る柔らかいバターまたはオリーブオイル

手順

a) 作業台に食パン4枚を置き、その上にエメンタールチーズ、洋梨、アッペンツェルチーズ、キャラウェイシードを散らします。各サンドイッチをもう一枚のパンで覆い、しっかりと押して密閉します。

b) 各サンドイッチの外側にバターを少し塗ります。重いフライパンまたはサンドイッチプレスを中強火で加熱します。アサリに重石を置きます。パンがカリカリで黄金色になり、チーズが溶けるまで、1、2回返しながら炒めます。

c) すぐにお召し上がりください。

78. プンパーニッケルとゴーダのグリル

サーヴァント4

原材料：

パセリ・タラゴンマスタード

- 全粒マスタード　大さじ3
- マイルドディジョンマスタード　大さじ3
- 新鮮な平葉パセリのみじん切り　大さじ2
- 刻んだ新鮮なタラゴン　大さじ1
- にんにく　1片（みじん切り）
- 好みに応じて、赤または白のワインビネガーを数滴

サンドイッチ

- ダークカボチャ入りの柔らかいパン　8　枚
- 8オンスの熟成ゴーダ、マンチェゴ、または類似のナッツ入りチーズ
- パンに塗る柔らかいバターまたはオリーブオイル

手順

a) パセリ・タラゴンマスタードの作り方：全粒マスタードとディジョンマスタードを小さなボウルに入れ、パセリ、タラゴン、ニンニクを加えて混ぜます。味に酢を数滴加えて脇に置きます。約1/3カップになります。

b) サンドイッチを作るには：4枚のパンを作業台に置きます。チーズの層を追加し、次にパンの　2　番目のスライスを追加します。一緒に押して、外側に軽くグリースまたはグリースを塗ります。

c) 重いフライパンまたはパニーニプレスを中火で加熱し、アサリを加えます。別の鍋を追加し、火を中弱火に下げます。片面がカリカリで黄金色になるまで焼き、もう片面をひっくり返してチーズが溶けるまで焼きます。

d) お好みでディップ用にパセリとタラゴンのマスタードを添えて、すぐにお召し上がりください。

79. スモークターキー、タレッジョ そしてゴルゴンゾーラ

サーヴァント4

原材料：

● チャバタなどの柔らかく平らで風通しの良いイタリアパン 1 つ、または ソフト イタリア/フランス ロール 4 つ。生半可な状態で入手できる場合は、これを選んでください

● 6オンスのゴルゴンゾーラチーズ、薄くスライスまたは粗くおろしたもの

● 8オンスのスモークターキー、薄くスライス

● 中くらいのリンゴ 1 個、または小さくて新鮮でおいしいリンゴ 2 個 （芯を取り、皮をむかずに非常に薄くスライスしたもの）

● 6オンスのタレッジョ、テレメ、ジャック、またはトンム・ド・モンターニュのチーズを4つのスライスに切ります （タレッジョの皮を残すか切り取るかはあなた次第です。皮には少し強い風味があり、好きな人も嫌いな人もいます） 。）

● パンを洗うためのオリーブオイル

手順

a) 食パンを4等分に切ります。可能であれば片面を残して、パンを水平に切ります。

b) 食パン4枚を開きます。ゴルゴンゾーラの片面に、スモークターキーとスライスしたリンゴを同量ずつ乗せます。タレッジョを霧雨のようにかけてサンドイッチを閉じ、しっかりと押して密閉します。

c) サンドイッチの上下にオリーブオイルを塗り、焦げ付き防止の重いフライパンを中火で加熱します。熱したフライパンにアサリを入れ、すぐに弱火にします。上部に重しを加えるか、サンドイッチプレスまたはパニーニプレスを使用します。

d) きつね色になってトーストするまで焼き、ひっくり返して反対側も軽く焼き色をつけます。パンが焦げていないか時々チェックしてください。

e) 両面がカリカリになり、チーズが溶けたらすぐにお召し上がりください。

80. ヤールスバーグはパン種に溶けた

サーヴァント4

原材料：

- 中厚サワー種パン 8枚
- 8オンスのヤールスバーグまたはジャックなどのソフトプロセスチーズ
- ローストした赤ピーマン 2 個、スライス、または刻んだローストした赤ピーマン 大さじ 3 〜 4
- ニンニク 2片（薄くスライス）
- 刻んだ新鮮なローズマリーの葉 小さじ2、またはお好みで
- パンを洗うためのオリーブオイル

手順

a) 4枚のパンを作業台に置き、チーズを塗り、赤唐辛子、ニンニク、ローズマリーを加えます。残りの食パンを乗せて軽く押し込みます。各サンドイッチの外側に少量の油をブラシで塗ります。

b) 重いフライパンまたはクラムプレスを中強火で加熱し、アサリを加えます（必要に応じて数回に分けて作業します）。火を中弱火に下げ、外側が軽く茶色になり、チーズが溶け始めるまで、ゆっくりとアサリを焼きます（ヘラで押さえて焼き色をつけます）。反対側も回して繰り返します。

c) 各サンドイッチを半分または 4 分の 1 にカットして提供します。

81. チキントルタ、ケソ・フレスコ、ゴーダ

サーヴァント4

原材料：

- セージ/ハーブソーセージ 2 本 (約 14 オンス)、または豚肉、七面鳥、またはベジタリアン
- 6オンスの細切りジャックチーズまたはミディアムアジアーゴチーズ
- パルメザン、ロケッリ ロマーノ、またはドライ ジャックなどのおろしたてのチーズ 大さじ 1 〜 2 (約 2 オンス)
- ネギ 2 本（薄くスライス）
- サワークリーム 小さじ2〜3 クミンシード ひとつまみ ターメリック ひとつまみ ブラウンマスタード 少々
- 赤唐辛子少々、または唐辛子ソースを数滴
- 全粒粉パン 8 枚（小麦の実、ヒマワリの種、発芽小麦など）
- エキストラバージンオリーブオイル 大さじ2〜3
- ニンニク 3片（薄くスライス）
- モロッコ風レモン 1〜2個、よく洗い、輪切りにします。
- 細かく刻んだ新鮮な平葉パセリ 小さじ1〜2

手順

a) ソーセージを粗く刻み、小さなテフロン加工のフライパンで中火で手早く炒めます。型から取り出し、ペーパータオルの上に置き、冷まします。鍋をコンロの上に置き、火を止めます。

b) 中くらいのボウルに2種類のチーズとネギ、ピクルス、クミンシード、ターメリック、マスタード、カイエンペッパーを入れて混ぜます。ソーセージが冷めたら、チーズを加えて混ぜます。

c) チーズとソーセージを混ぜたものを上に4枚のパンを置き、その上にもう1枚のパンを置きます。よく曲げて、軽くしっかりと押してサンドイッチを固定します。

d) フライパンを中火に戻し、オリーブオイルとニンニクの約半分を加え、ニンニクを片側に寄せ、アサリを1〜2個（フライパンに収まる量）加えます。片面に軽く焼き色がつき、チーズが溶け始めるまで焼きます。

e) ひっくり返してもう片面を黄金色になるまで焼きます。皿に移し、他のアサリ、ニンニク、油を加えて同様に炒めます。軽く揚げたニンニクを和えるか、かぶりつきます。焦げると苦味が出るので、油が黒くなる前に鍋から取り出すようにしましょう。

f) サンドイッチをすぐに温かい状態で提供し、三角形に切り、レモンソースと刻んだパセリを振りかけます。

82. ナスのパルミジャーナパニーニ

サーヴァント4

原材料：

- エキストラバージンオリーブオイル 1/4カップ、またはお好みで分けて

- 中ナス 1本、厚さ 1/2 〜 3/4 インチにスライス

- 塩

- 大きめのソフト、サワードウまたはスイートロール 4 個

- にんにく 3片 （みじん切り）

- 大きな新鮮なバジルの葉 8枚

- リコッタチーズ 約1/2カップ

- おろしたてのパルメザンチーズ、ペコリーノ、またはロケッリ・ロマーノチーズ 大さじ3

- フレッシュモッツァレラチーズ 6〜8オンス

- ジューシーな完熟トマト 4 個（果汁を含む）薄くスライス

手順

a) スライスしたナスをまな板の上に置き、塩をたっぷりと振ります。約20分間、またはナスの表面に水滴が現れるまで放置します。ナスをよく洗い、軽くたたいて乾かします。

b) 焦げ付き防止の重いフライパンに油大さじ1を入れて中火で加熱します。 1つの層に収まる量のナスを、互いに重ならないように追加します。ナスのスライスを動かしながら炒め、焦げないように焼き色をつけます。

c) ひっくり返して反対側も薄茶色になり、ナスがフォークで刺したときに柔らかくなるまで焼きます。ナスに火が通ったら、皿またはフライパンに

取り出し、すべてが火が通るまでナスを加え続けます。数分間放置します。

d) ロール紙を開いてふわふわの中身をすくい取り、それぞれの切り口にみじん切りにしたニンニクを振りかけます。各ロールの片側にナスのスライスを1枚または2枚置き、その上にバジルの葉1枚または2枚、リコッタチーズ、パルメザンチーズをふりかけ、モッツァレラチーズの層を置きます。スライスしたトマトで仕上げます。閉じて軽く押して密閉します。

e) 同じフライパンを中火で加熱するか、パニーニプレスを使用して、サンドイッチの外側に少量のオリーブオイルを塗ります。アサリをグリルまたはグリルして、揚げてカリカリになるまで押します。

f) 片面に焼き色がついたらひっくり返し、チーズが溶けるまで反対面にも焼き色をつけます。すぐにお召し上がりください。

83. ナスのグリルとショーム

サーヴァント4

原材料：

レッドチリアイオリ

- ニンニク 2〜3片（みじん切り）
- マヨネーズ 大さじ4〜6 レモンまたはライムの果汁 1/2個（お好みで大さじ1程度）
- チリパウダー 小さじ2〜3 パプリカ 小さじ1
- 粉末クミン 小さじ1/2 乾燥オレガノの葉 ひとつまみ（砕いて）
- エキストラバージンオリーブオイル 大さじ2
- チポトレ・タバスコやバッファローなどのスモークチリソースシェイク
- 粗く刻んだ新鮮なコリアンダー 大さじ2
- ナス 1本、厚さ 1/4 から 1/2 インチのスライスに横に切り、オリーブオイルを加える
- 柔らかい白またはサワー種のロール 4 つ、または白またはサワー種のカントリー スタイルのパン 8 枚
- ローストした赤ピーマンおよび/または黄ピーマンのマリネ 3/4 カップ
- 約12オンスのセミソフトだが風味豊かなチーズ

手順

a) レッドチリアイオリを作るには： 小さなボウルにニンニクをマヨネーズ、レモン汁、チリパウダー、パプリカ、クミン、オレガノと混ぜ合わせます。よくかき混ぜて混ぜます。スプーンまたは泡立て器を使用して、オリーブオイルを加えて泡立て、小さじ数杯の油を加え、溶けるまで泡立ててから残りを加えます。

b) 冷めたら、熱々のチリソースと混ぜて味を調え、最後にコリアンダーを加えて混ぜます。使用するまで蓋をして冷蔵庫で保管してください。約1/3カップになります。

c) ナスを準備するには、ナスのスライスにオリーブオイルを塗り、焦げ付き防止の重いフライパンを中火で加熱します。ナスのスライスを薄茶色になり、フォークで刺したときに柔らかくなるまで両面を炒めます。それは脇に置いておいてください。

d) サンドイッチの作り方: ロールパンを開いて広げ、内側に赤唐辛子をたっぷりと広げます。ロールパンの片側にナスのスライスを置き、次にピーマン、そしてチーズの層を置きます。閉じてよく押します。各サンドイッチの外側にオリーブオイルを軽く塗ります。

e) 鍋を中火〜強火で再加熱し、アサリを加えて中火〜弱火にします。アサリの重さを量り、数分間調理します。生地が黄金色になり、ところどころ少し焼き色がついたらひっくり返し、反対側も同様に重しをして焼きます。

f) 5片面も黄金色でカリカリになったら、チーズが溶けて溶けるはずです。少し漏れたり傷がついたりする可能性があります。　（おいしいカリカリの部分は捨てずに、サンドイッチと一緒に各皿に置いてください。）

g) アサリを皿に移します。半分に切ってお召し上がりください。

h) スモークベーコンとチェダーチーズ、チポトレアイシング添え

i) スモーキーなチポトレの風味、ピリッとしたマスタードのひと味、肉厚のスモークベーコン、シャープでシャープなチェダーチーズ - この風味豊かなサンドイッチには、微妙なものは何もありません。ハンバーガーでもチ

ポトレ味を試してみてください！側面にライムのウェッジを添えたセル
ベーザのグラスは完璧に近づきます。

84. パン・オ・ルヴァンのキノコととろけるチーズ

サーヴァント4

原材料：

- 1〜1.5オンスの乾燥豚ロース肉またはセプ、
- 生クリーム 1/2カップ程度
- 塩
- カイエンペッパー 数粒
- 新鮮なレモン汁を数滴
- 小さじ1/2のコーンスターチを小さじ1の水と混ぜる
- パン・オ・ルヴァンまたはその他のフランスパン 8枚
- パンに塗るソフトバター 大さじ1程度
- ニンニク 2片 （細かくみじん切り）
- 8〜10オンスのスライスしたペコリーノ、フォンティーナ、またはメッツォセッコチーズ
- おろしたてのパルメザンチーズ 大さじ4
- 細かく刻んだ新鮮なチャイブ 約1/4カップ

手順

a) 厚手の鍋にキノコと水2カップを入れて混ぜます。沸騰したら火を弱め、液体が蒸発してキノコが柔らかくなるまで10〜15分間煮ます。

b) クリームを加えてかき混ぜ、数分間再加熱し、塩、カイエンペッパーをひとつまみか二つまみ、レモン汁を一滴加えて味付けします。

c) コーンスターチ混合物を加えてかき混ぜ、とろみがつくまで中火で加熱します。端が泡立ち始めると厚くなるはずです。フロスティングの厚さはさまざまであるため、必要なコーンスターチの量を正確に知る方法はありません。

d) 十分に濃厚になったら、混合物を室温まで冷却します。冷めるとさらに濃厚になります。濃厚で塗り広げやすい粘稠度が必要です。

e) パン全体を広げ、各スライスの片面にバターを軽く塗ります。それらを裏返し、4つにニンニクを振りかけます。その上にペコリーノのスライス、ソースから取り出したマッシュルームの一部、パルメザンチーズをふりかけます。

f) 残りのパン4枚（バターのない面）にキノコソースを厚めに塗ります。アサリはしっかりと密閉します。グリスが塗られた面が外側になります。

g) 焦げ付き防止の重いフライパンを中弱火で加熱します。鍋の大きさに応じてアサリを一度に 1 つまたは 2 つ加え、重い鍋で重さを量ります。

h) パンが黄金色になり、所々に軽く焼き色がつき、カリカリになり、チーズがにじみ出るまで焼きます。片面が最初と同じくらい黄金色でカリカリになるまでひっくり返して繰り返し、調理の最後の瞬間にみじん切りにしたニンニクを鍋に加えます。チーズはもうトロトロになっていて、少しトロリとした部分があり、クラストの端が軽く茶色になっているはずです。

i) お皿に盛り、半分か4等分に切り、チャイブを散らします。すぐに食べてください。冷たいグリルドチーズサンドイッチほどスパイシーなものはありません。

85. シチリア産チーズとケッパーとアーティチョーク

サーヴァント4

原材料：

- マリネしたアーティチョークの芯 4〜6 個、スライスに切る
- 田舎パンの厚いスライス 4 枚（甘いものまたは酸っぱいもの）
- 12オンスのプロボローネ、モッツァレラ、マヌーリ、またはその他の柔らかく溶けたチーズ、細切り
- エキストラバージンオリーブオイル 大さじ2
- ニンニク 4片、非常に薄くスライスまたはみじん切りにする
- 赤ワインビネガー 大さじ2程度
- ケッパー 大さじ1を塩水に溶かし、水気を切る
- 砕いた乾燥オレガノ 小さじ1
- 黒胡椒 数杯
- 新鮮な平葉パセリのみじん切り 小さじ1〜2

手順

a) グリルを予熱します。

b) アーティチョークをパンの上に並べて天板に置き、チーズを塗ります。

c) 焦げ付き防止の厚手のフライパンにオリーブオイルを中火で熱し、にんにくを加えて軽く炒めます。赤ワインビネガー、ケッパー、オレガノ、黒コショウを加え、1〜2分間、または液体が小さじ2杯程度になるまで煮ます。パセリを加えて混ぜます。チーズをまぶしたパンにスプーンをかけます。

d) チーズが溶けて、ところどころが泡立ち、黄金色になるまで炒めます。すぐに食べてください。

86. スカロピーヌとペストのサンドイッチ

サーヴァント4

原材料：

- 4〜5オンスの骨なし、皮なしの鶏の胸肉、または豚肉、七面鳥、または牛肉の切れ端　2枚
- 塩
- ブラックペッパー
- エキストラバージンオリーブオイル　大さじ2（分けて）
- ニンニク　3片（みじん切り、小分け）
- ズッキーニ　2個、非常に薄くスライスして水気を切る
- バジルペスト　大さじ2、またはお好みで
- すりおろしたパルメザンチーズ、グラナまたはロケッリ・ロマーノチーズ　大さじ2
- ソフトサワー種ロール　4　個、または　6　インチのフォカッチャ　4　個（半分）
- 8〜10オンスのモッツァレラチーズ、自家製またはデンマーク産のフォンティーナ、またはジャックチーズ、スライス

手順

a) 肉槌で肉をたたきます。鶏肉が厚い場合は、非常に薄く切ります。塩とコショウを振りかけます。

b) 厚手のフライパンを中火で熱し、油大さじ1、肉、にんにくを半量ほど入れます。肉の片面、次にもう片面を手早く炒め、フライパンから取り出し、汁とニンニクを肉の上に注ぎます。

c) 鍋を中火に戻し、小さじ1杯の油を追加します。ズッキーニを柔らかくなるまで炒めます。ボウルに移します。塩とコショウで味付けします。

冷めたら、残りのニンニク、ペスト、パルメザンチーズを加えて混ぜます。混合物をボウルに入れて冷まします。鍋をすすぎ、乾燥させます。

d) 指を使って各ロールの内側のふわふわした部分を取り除き、詰め物を入れるスペースを作ります。フライパンを中火で再加熱し、各ロールの切り口に軽く焼き色をつけます。それらを少し押し下げる必要があります。少し破れてしまうかもしれませんが、大丈夫です。揚げて、具を入れた状態でプレスすると、元に戻ります。

e) 大さじ数杯のez ucchiniペスト混合物を各ロールの半分に広げ、その上に肉とモッツァレラチーズの層を置きます。閉じてよく押してしっかりと密閉します。

f) 残った油をサンドイッチの外側に刷毛で塗ります。再び鍋を中火〜強火で加熱します。アサリを押し固めていきます。火を中弱火に下げ、最初の面がカリカリになって黄金色になり、チーズが溶け始めるまで調理します。回して繰り返します。

g) サンドイッチが黄金色になり、チーズが魅惑的に溶けたらお召し上がりください。

87. モッツァレラ、バジルピアディーヌ

サーヴァント4

原材料：

- ピアディンまたは中粉トルティーヤ 4 枚 (12 インチ)。

- トマトペースト スプーン3〜4杯

- 大きく熟したトマト 1 個（薄くスライス）

- ニンニク 1〜2片（みじん切り）

- 4〜6オンスのフレッシュモッツァレラチーズ、スライス

- タイまたはベトナムのバジルの葉（または通常のバジル）約12枚

- 約3オンスのゴルゴンゾーラチーズ、スライスまたは砕いたもの

- おろしたてのパルメザンチーズ、またはアジアーゴやグラナなどの他の粉チーズ 大さじ2〜3

- 飲むエクストラバージンオリーブオイル

手順

a) グリルを予熱します。

b) ピアディーナを1枚か2枚のベーキングシートの上に置き、少量のトマトペーストを刷毛で塗り、その上に少量のトマトを置き、ニンニクを振りかけます。モッツァレラ、バジル、ゴルゴンゾーラをのせ、パルメザンチーズをふりかけ、オリーブオイルを回しかけます。

c) チーズが溶けてサンドイッチが熱くなるまで、必要に応じて数回に分けて炒めます。すぐにお召し上がりください。

88. パンプキントルティーヤのケサディーヤ

サーヴァント4

原材料：

- アナハイムやポブラノなどのマイルドな青唐辛子 2 本、またはピーマン 2 本
- 玉ねぎ 1個 （みじん切り）
- ニンニク 2片 （みじん切り）
- エキストラバージンオリーブオイル 大さじ1
- 牛バラ肉 1ポンド
- 挽いたシナモン、またはお好みで小さじ$_1$/8〜1/ 4
- グラウンドクミン 小さじ1/4
- ドライシェリー酒または辛口赤ワイン$_{1/3}$カップ
- レーズン 1/4カップ
- トマトペースト スプーン2杯
- 砂糖 スプーン2杯
- 赤ワインまたはシェリービネガーを数振り
- 塩
- ブラックペッパー
- カイエンシェイク、またはチリの代わりにパプリカを使用する場合はタバスコ
- 粗挽きアーモンド 1/4カップ
- 粗く刻んだ新鮮なコリアンダー 大さじ2〜3、および飾り用の追加
- かぼちゃのトルティーヤ 8枚
- ジャック、マンチェゴ、メゾセッコなどのソフトチーズ 6〜8オンス
- トルティーヤの洗浄用オリーブオイル

- 飾り用サワークリーム　大さじ2程度

手順

a) 唐辛子やピーマンを直火で、全体が軽く均一に焦げるまでローストします。ビニール袋またはボウルに入れて蓋をします。蒸気が肉から皮を剥がしやすくするため、少なくとも30分間放置します。

b) ピカディージョを作る：玉ねぎとにんにくをオリーブオイルで中火で柔らかくなるまで炒め、牛肉を加えて炒め、肉をほぐしながら炒めます。肉に所々焼き色がついたら、シナモン、クミン、クローブをふりかけ、炒めながら炒め続けます。

c) シェリー酒、レーズン、トマトペースト、砂糖、酢を加えます。時々かき混ぜながら約15分間調理します。乾いているように見える場合は、少量の水を加えるか、シェリー酒を追加してください。塩、コショウ、カイエンペッパーで味付けし、砂糖と酢で味を調整します。アーモンドとコリアンダーを加えて脇に置きます。

d) ピーマンは皮、ヘタ、種を取り除き、細切りにします。

e) トルティーヤを4枚重ね、その上にピカディージョをのせます。ローストしたペッパーストリップを加え、次にチーズの層を加え、その上に別のトルティーヤを置きます。しっかりと押して固定します。

f) 焦げ付き防止の重いフライパンを中火〜強火で加熱します。ケサディーヤの外側にオリーブオイルを刷毛で塗り、数回に分けてフライパンに加えます。

g) 火を中弱火にして片面に焼き色をつけ、必要に応じてスパチュラを使って手動で裏返します。反対側も焼き色がつき、チーズが溶けるまで焼きます。

h) 切り分けて、サワークリームとコリアンダーを少々添えて、すぐにお召し上がりください。

89.羊のチーズ焼きケサディーヤ

サーヴァント4

原材料：

- 大きめのフラワートルティーヤ　8枚
- 刻んだ新鮮なタラゴン　大さじ1
- 大きく熟したトマト　2　個（薄くスライス）
- 8〜10オンスのやや乾燥したヤギチーズ
- オリーブオイル、トルティーヤをきれいにするため

手順

a) トルティーヤを作業台に置き、タラゴンをふりかけ、その上にトマトを置きます。チーズをふりかけ、それぞれを別のトルティーヤで覆います。

b) 各サンドイッチにオリーブオイルを塗り、重いフライパンまたは焦げ付き防止のフライパンを中火で加熱します。一度に1つずつ、ケサディーヤの片面を調理します。軽く黄金色になり、チーズが溶けたら、ひっくり返して裏面を焼き、焼きながら押し下げて平らにします。

c) 切り分けてすぐにお召し上がりください。

90. いちごとクリームチーズのパン

サーヴァント4

原材料：

- カラやクロワッサンなど、柔らかく甘い白パンの中厚さのスライス　8枚
- クリームチーズ　大さじ8〜12（約8オンス）（低脂肪でOK）
- イチゴ　約1/2カップ
- スライスしたイチゴ　1カップ（約10オンス）
- 大きめの卵　2 個（軽く溶きほぐす）
- 卵黄　1個
- 牛乳　約1/2カップ（低脂肪でOK）
- 牡羊座バニラエキス
- 砂糖
- 無塩バター　大さじ2〜4
- 新鮮なレモン汁　小さじ1/2
- サワークリーム　1/2カップ
- 薄くスライスした新鮮なミントの小枝　数本

手順

a) 食パン4枚にクリームチーズを厚く塗り、調理中にクリームチーズが出てこないように側面を少し細くし、残りの食パン4枚に煮汁を塗ります。

b) クリームチーズの上にイチゴを薄く広げます。

c) チーズを塗ったパンを、ジャムを塗ったパンの上に置きます。優しくしっかりと押して閉じてください。

d) 浅いボウルに卵、卵黄、牛乳、バニラエッセンス、砂糖大さじ1杯を入れてよく混ぜます。

e) 焦げ付き防止の重いフライパンを中火〜強火で加熱します。バターを加えます。各サンドイッチを一度に 1 つずつ牛乳と卵の入ったボウルに浸します。 1〜2分間浸してから裏返し、繰り返します。

f) 溶かしたバターを入れた熱したフライパンにアサリを入れ、きつね色になるまで焼きます。ひっくり返し、もう片面にも軽く焼き色を付けます。

g) その間に、残りのイチゴを砂糖とレモン汁で味を調えて混ぜます。

h) 各サンドイッチは準備ができたらすぐに提供し、スプーン 1 〜 2 杯のイチゴとサワー クリームを飾ります。

i) 少しミントを振りかけます。

91. ブレッドプディングサンドイッチ

サーヴァント4

原材料：

- ライトブラウンシュガー　3/4カップ

- 砂糖　1/4　カップ、分割

- クローブ　5〜6個

- 小さじ1/8の挽いたシナモンと、上に振りかける_{追加のシナモン}

- 皮をむいて薄くスライスした、おいしいグラニースミスリンゴ　1　個

- レーズン　1/4カップ

- バニラエッセンス　小さじ1/2

- フランスパン　8　枚（3/4　〜　1　インチ）の厚さのスライス

- ジャックまたは非常にマイルドなホワイトチェダーなどの柔らかく溶けた チーズをスライスして6〜8オンス

- 湯通ししたアーモンドまたは刻んだ松の実　1/2カップ

- バター　大さじ3程度

- オリーブオイル　スプーン1杯

手順

a) 厚底の鍋にブラウンシュガーと砂糖大さじ2、クローブ、シナモンを入れ て混ぜます。水2カップを加えてよく混ぜます。

b) 中強火にかけて沸騰させ、液体が穏やかに沸騰するまで中火から弱 火に下げます。 15分間、またはシロップが形成されるまで調理しま す。リンゴのスライスとレーズンを加え、さらに5分間調理します。火か ら下ろし、バニラを加えます。

c) 作業テーブル上のパンのスライスの数。パンの各スライスにスプーン一 杯の熱いシロップを注ぎます。スライスごとに大さじ数杯。慎重に各ピ

ースを裏返し、反対側に熱いシロップを注ぎます。約30分間放置します。

d) パンの上にもう少しシロップをかけます。これもスライスごとに大さじ 1 杯程度です。パンがかなり柔らかくなり、甘いシロップを吸って崩れてしまう恐れがありますので、ご使用の際はご注意ください。さらに 15 分ほど時間をとってください。

e) 浸したパン4枚の上にスライスチーズを置きます。それぞれにリンゴ、レーズン、アーモンドを約1/4ずつ詰めます（一部は最後まで取っておきます）。残りの食パンをのせてサンドイッチを4枚作ります。一緒に押してください。

f) 厚手のフライパンを中火で熱し、バターとオリーブオイルを大さじ1ほど加えます。バターが泡立ち、きつね色になったらアサリを加えます。火を中火にし、スパチュラで軽く押しながら調理します。サンドイッチが茶色になるにつれて火を調整し、シロップ中の砂糖が茶色にならないようにしながら焦げないように必要に応じて下げます。

g) アサリを数回裏返し、フライパンにバターを加えます。裏返すときにアサリが割れないように注意してください。サンドイッチの外側がこんがり焼き色になり、チーズが溶けるまで、時々押します。

h) この状態になる1〜2分前に、残りのアーモンドをフライパンに入れ、軽く焼き色をつけます。アサリとアーモンドに残りの大さじ2杯の砂糖をまぶします。

i) 各サンドイッチにトーストしたアーモンドをふりかけ、すぐにお召し上がりください。

92.グレインとチーズバーガー

収量：4食分

原材料：
- 1と1/2カップ キノコ、みじん切り
- 1/2カップ 新玉ねぎ、みじん切り
- 大さじ1 バターっぽい
- 1/2カップ オーツ麦、プレーン
- 1/2カップ 玄米、炊き上がり
- 2/3カップ 粉チーズ、モッツァレラチーズ
- チェダーチーズとか
- 大さじ3 くるみ、みじん切り
- 大さじ3 カッテージチーズまたはリコッタチーズ
- 少し太っています
- 大きいの2個 卵
- 大さじ2 パセリ、みじん切り
- 塩コショウ

手順

a) 10〜12インチのテフロン加工のフライパンを中火にかけて、マーガリンを入れたキノコとネギを野菜が柔らかくなるまで約6分間炒めます。オーツ麦を加えて2分間混ぜます。

b) 火から下ろし、少し冷ましてから、炊き上がったご飯、チーズ、ナッツ、カッテージチーズ、卵、パセリを加えて混ぜます。塩とコショウの味。油を塗った12×15インチのベーキングシートの上に、厚さ1/2インチのパティを4枚作ります。

c) 火から3インチの位置で一度裏返し、合計6〜7分間焼きます。パンにマヨネーズ、オニオンリング、キャベツを添えてお召し上がりください。

93.ブラックアンガスバーガー チェダーチーズ添え

収量：1食分

原材料：
- 2ポンド　アンガス牛ひき肉
- 3　ポブラノピーマンのグリル、種を取り、三等分に切る
- 6スライス　イエローチェダーチーズ
- 6　ハンバーガーロール
- ベビーレッドオークサラダ
- 赤玉ねぎのピクルス
- ポブラノペッパービネグレット
- 塩と挽きたての黒胡椒

手順

a) 薪や石炭で火を起こし、残り火まで燃え尽きさせます。

b) 大きめのミキシングボウルにアンガスビーフを入れ、塩とコショウで味付けします。使用するまで冷蔵してください。使用する準備ができたら、厚さ1インチのディスクの形に成形します。

c) 片面5分ずつ焼き、ミディアムレアにします。最後の5分にはチェダーチーズをふりかけます。グリルした後、バーガーをロールパンの半分に置き、その上に赤いドングリ、ポブラノペッパー、ビネグレットソース、赤玉ねぎのピクルスを乗せます。すぐにお召し上がりください。

94.グリルトマトとアメリカンチーズのサンドイッチ

収量：4食分

原材料：
- 8スライス 白パン
- バター
- 準備されたマスタード
- 8スライス アメリカンチーズ
- 8スライス トマト

手順

a) 各サンドイッチにつき、食パン2枚にバターを塗ります。広げていない面に準備しておいたマスタードを塗り、バターを塗った面とパンの間にアメリカンチーズのスライス2枚とトマトのスライス2枚を置きます。

b) フライパンで両面焼くか、チーズが溶けるまで焼きます。

95. グリルしたリンゴとチーズ

収量：2食分

原材料：
- 1少々 おいしい赤いリンゴ
- 1/2カップ 脂肪分を1%削減したカッテージチーズ
- 大さじ3 紫玉ねぎのみじん切り
- サワー種入りイングリッシュマフィン 2 個、割ってトースト
- 1/4カップ クリーミーなブルーチーズ

手順

a) リンゴの芯を取り、横に4等分（1/4インチ）の輪切りにします。手放す

b) 小さなボウルにカッテージチーズと玉ねぎを入れてよく混ぜます。マフィンの各半分に大さじ2〜1/2杯のチーズ混合物を広げます。

c) マフィンの各半分にリンゴの輪を 1 つ置きます。砕いたブルーチーズをリンゴの輪の上に均等に振りかけます。ベーキングシートの上に置きます。

d) 火から3インチの高さを1〜1分、またはブルーチーズが溶けるまで焼きます。

96. クルミ入りグリルブルーチーズサンドイッチ

収量：1食分

原材料：
- 1カップ　砕いたブルーチーズ；（約8オンス）
- 1/2カップ　細かく刻んだローストクルミ
- 16スライス　黒パン；省略された
- 16　小さなもの　クレソンの小枝
- 大さじ6　バター；（3/4文字）

手順

a) チーズとナッツを8枚の正方形のパンに均等に分けます。それぞれの上にクレソンの小枝を2本ずつ置きます。

b) コショウを振り、残りの四角い食パンをのせて、合計8個のサンドイッチを作ります。軽く押して固定します。

c) 大きなフライパンまたは鉄板にバター大さじ3を入れて中火で溶かします。ハマグリ4個をフライパンで黄金色になりチーズが溶けるまで片面約3分ずつ焼きます。

d) まな板に移します。残りのバター大さじ3とサンドイッチ4つで同じことを繰り返します。

e) あさりは斜め半分に切ります。お皿に移してお召し上がりください。

97.グリルベーコンとチェダーチーズのサンドイッチ

収量：1食分

原材料：

- 1/4カップ バター（1/2スティック）;室温
- 大さじ1 ディジョンマスタード
- 小さじ2 刻んだばかりのタイム
- 小さじ2 刻みたてのパセリ
- 6×4インチのカントリースタイルのパン8枚。（厚さ約1/2インチ）
- 1/2ポンド チェダーチーズ;薄くスライスした
- 1/4ポンド 薄切りスモークハム
- 小1/2 赤タマネギ;薄くスライスした
- 大1 トマト;薄くスライスした

手順

a) **最初の4つの材料を** ボウルに入れて混ぜます。塩とコショウで味付けします。 4枚の食パンを作業台に置きます。

b) チーズの半分をパンのスライスの間に均等に分けます。その上にベーコン、玉ねぎ、トマト、残りのチーズを乗せます。残りのパンをサンドイッチにトッピングします。サンドイッチの上下にハーブバターを塗ります。

c) 大きなテフロン加工のフライパンを中火で加熱します。アサリを加え、底が黄金色になるまで約3分間調理します。サンドイッチをひっくり返し、フライパンに蓋をし、チーズが溶けてパンが黄金色になるまで約3分間焼きます。

98.グリルとベーコン

収量：100食分

原材料：
- 12ポンド　ハム；スライス
- 5 3/16ポンド　チーズ
- 2ポンド　確かにバタープリント
- 200スライス　パン

手順

a) ベーコンを炒める

b) 各サンドイッチにスライスチーズ 1 枚とベーコン 2 枚を置きます。

c) サンドイッチの上下にバターまたはマーガリンを軽く塗ります。

d) サンドイッチの両面に軽く焼き色がつき、チーズが溶けるまでグリルします。

99.グリルチーズの動物たち

収量：4食分

原材料：
- 8スライス サワー種またはマルチグレイン生地
- パン
- 1/2カップ ブルーベリーソース
- 6オンスの七面鳥、調理してスライス
- 4オンス チェダーチーズ、ソフトまたは
- カリカリ、薄切り
- バター

手順

a) 4枚の食パンにクランベリーソースを塗り、その上に七面鳥、チーズ、残りの食パンを乗せます。

b) サンドイッチの外側にバターを軽く塗ります。大きなフライパンで中火で両面に焼き色がつくまで焼きます。

100. フランスパンにチーズ焼き

収量：4食分

原材料：
- 2 溶き卵
- 牛乳1/4カップ
- シェリー1/4 c
- ウスターソース小さじ1/4 _
- 白パンまたは全粒粉パン 8枚
- 4スライス 杉チーズ

手順

a) 浅いボウルに卵、牛乳、シェリー酒、ウスターシャー酒を入れて混ぜます。

b) 4つのチーズサンドイッチを組み立て、それぞれを卵混合物に浸し、バターで軽く炒め、一度返して両面に焼き色を付けます。

結論

サンドイッチは、忙しい親でも、外出中の学生でも、ただ美味しくて満足のいく食事を探しているだけでも、誰もが楽しめる古典的で便利な食事です。この記事で紹介するレシピを使えば、風味豊かで感動すること間違いなしの美味しいサンドイッチを自宅で作ることができます。次回、手早くておいしい食事が必要なときは、サンドイッチを作って味覚を満喫してみてはいかがでしょうか。

Milton Keynes UK
Ingram Content Group UK Ltd.
UKHW020122030823
426203UK00016B/645